日経文庫
NIKKEI BUNKO

日本のエネルギーまるわかり

塙 和也

日本経済新聞出版

はじめに

熱波、洪水、干ばつなど異常気象が続いています。2023年は観測史上最も暑い夏でした。国連事務総長はその現状を「地球沸騰」「気候の時限爆弾」と呼んだほどです。気候変動対策の観点から脱炭素を主軸としたエネルギーの転換は世界にとって猶予がない状況であり、国も企業も相次いでカーボンニュートラル（実質炭素排出ゼロ）を表明しています。炭素ゼロは温暖化ガス排出の多くを占めるエネルギーの転換を意味します。

変革の中心は欧州や米国、中国とした大国です。日本もその渦中にいて対応に追われています。こうした世界のエネルギー転換の原動力は気候変動対策の国際枠組みである2015年のパリ協定です。

主導しているのは米国のインフレ抑制法をはじめとする各国政府の強力な規制や政策です。その内容は「環境に良いことをする」という従来型の環境思想ではなく、安全保障、産業政策、雇用対策と密接に結びついた国家の命運をかけた戦略となっています。米国では同法の効果により再生可能エネルギー産業などで90万人以上の新規雇用や88兆円の投資が生まれるという研究もあります。

こうした国々の政策の裏付けとなっているのは地球の気温上昇を抑えるにはあとどの程度、温暖化ガスが排出できるのかという指標である炭素予算です。例えば9月にインドで終えたばかりのG20サミットでも再生エネの容量を2030年までに3倍にすると首脳宣言に明記されました。これも炭素予算が念頭にあります。

日本政府や企業も脱炭素に向けてさまざまな技術開発を進めています。ペロブスカイト型太陽電池、洋上風力、核融合などが代表です。その技術はあくまで炭素予算を考慮し、導入と実用化の時期の優先順位を明確にしなければ気温上昇を抑えるには役に立たなくなります。炭素予算は国・企業にとって非常に重要な指標であることを改めて強調します。

再生エネや電気自動車（EV）などの技術は世界で日進月歩を続けています。日本企業がトップランナーであった脱炭素技術において世界に遅れをとるようになった背景も本書は説明しています。

日本のカーボンニュートラルや2030年の温暖化ガス削減について「46%から50%の高み」を目指すという国家目標はパリ協定が掲げる「1・5度目標」に合わせて策定されています。つまり、気候変動にどう対応するかということがエネルギー政策の主軸となっています。

温暖化ガスの削減という点では依然排出量は世界で増加を続けており、世界のこれまでの取り組みは気候変動を食い止めるほどには至っていません。途上国をはじめ、脱炭素技術が十分にない国が多く、電力の安定供給の観点からもなかなか対策が進まないのが現状です。

2011年3月11日の東京電力福島第1原発事故以来、日本のエネルギー政策は重要な変化にさらされ続けてきました。当時、著者は経済部の資源エネルギー庁担当としてその混乱を取材していました。12年が経ちましたが、エネルギー政策は事故の余波をいまだに引きずっているようです。ただ2020年に菅義偉首相が実施した2050年カーボンゼロ宣言以降、方向は固まったと言えます。世界の脱炭素の取り組みの事例を参照に日本の政策を解説します。

2023年9月

塙 和也

日本のエネルギーまるわかり　目次

第2章　企業の取り組みは進んでいるのか

第4章 世界での立ち位置を俯瞰する 157

第1章

G7の日本　追い込まれたのはなぜか

1　欧米がつけた注文

勝負の10年

2023年5月19日から21日に広島市で開かれたG7首脳サミット。バイデン米大統領やマクロン仏大統領ら各国首脳を招いた20日の会議の席上で岸田首相はこう意気込みました。

「気候変動は『気候危機』とも呼ぶべき人類共通の待ったなしの課題です。気温上昇を1・5度に抑えるため、2030年までの勝負の10年に、全ての部門において急速かつ大幅で、即時の温室効果ガス排出削減を実施しなければなりません」

共同声明には「世界の温暖化ガス排出量を2035年までに2019年比で60%削減することの緊急性が高まっていることを強調する」とも明記しました。日本は2030年度に2013年度比で46%減という国際公約を既に掲げていますが、5年でさらに上積みする宣言にもなります。

「60%減」は2035年までのエネルギーのあり方を方向付ける数字です。国の政策だけではなく企業の活動にも大きな影響を与えることになります。

図表1-1　G7気候・エネルギー・環境大臣会合の合意のポイント

- 温暖化ガスを2035年までに19年比で60％削減
- 対策のない化石燃料の段階的廃止
- 石炭火力発電の廃止時期は明示せず
- 自動車からの二酸化炭素排出を2000年比で半減させる可能性に留意
- 重要鉱物についてG7で協力して供給網を確立

２０２２年2月にロシアがウクライナに侵攻した際、論調で多くを占めていたのは脱炭素や気候変動への機運は棚上げになるというものでした。それから1年半近くがたち、蓋を開ければ脱炭素が加速しているという実態が明らかになっています。

このような状況において日本で開かれたG７でした。岸田首相は、脱炭素に向けた数々の決意を表明しましたが、交渉の裏側では共同声明の内容を巡って日本は欧米各国から多くの批判や注文を受け、防戦一方であったのが実態でした。

舞台は4月15～16日に札幌で開かれたG７気候・エネルギー・環境大臣会合にさかのぼります。閣僚会合の会場は市中心部にある札幌プリンスホテルでした。東京では桜はとうに散り、新緑の季節でしたが、札幌はダウンコートを着なければならないほどの寒さでした。広島で岸田首相が表明した文言はほぼこの札幌で発表された合意文書を踏襲しています。

まず先ほど述べました、温暖化ガスの排出削減に関して、2035年までに「2019年比で60％減」とする目標数値はここで盛り込まれました。

温暖化対策の国際枠組み「パリ協定」では産業革命以前からの地球の気温上昇を1・5度以内に抑える目標を盛り込んでいます。国連の気候変動に関する政府間パネル（IPCC）は2023年3月に出した報告書で、実現には2035年の温暖化ガスの排出量を2019年比で60％減らす必要があると示しており、これに準拠した形です。

自動車から出る二酸化炭素を巡っては、G7各国で保有する車からの排出量を2035年までに00年比で半減させる「可能性に留意する」としました。

再生可能エネルギーの導入目標も新たに打ち出しました。G7で洋上風力発電を2030年までに1・5億キロワットに引き上げるとし、2021年実績の約7倍に増やします。太陽光は2030年までに10億キロワットとし、現状の約3倍に増強します。これに伴い「再生エネを大幅に増加させる」という文言も入れました。

電気自動車（EV）の電池や風力発電のタービンなどに欠かせないレアアース（希土類）

ではＧ７と資源国が連携し、安定した供給網を構築することを盛り込んでいます。Ｇ７として１３０億ドル（約１・９兆円）を財政支出し、鉱山の共同開発や使用済み製品から回収・再利用する取り組みを推進するとしています。レアアースは中国が生産において世界的なシェアを持ちます。脱炭素に必要な鉱物資源が安全保障上の懸念になってきていることに対応したものです。

前回２０２２年のＧ７と比較して最も大きな違いは、共同声明に「未対策の化石燃料の段階的廃止を加速するという世界的な努力の文脈でコミットメントを強調する」と記したことです。従来は段階的廃止の対象を石炭に限っていましたが、今回は天然ガスや石油などに広げました。２０２２年11月にエジプトで開かれた第27回国連気候変動枠組み条約締約国会議（ＣＯＰ27）で欧州やインドが合意文書に盛り込もうと最後まで主張したものの、サウジアラビアなど化石燃料の産出国の反対で断念した文言でした。

米国で気候変動を担当するケリー大統領特使は会合終了直後の日本経済新聞のインタビューで「化石燃料の段階的廃止が（共同宣言に）入り大成功だと思っている」と述べました。英国やフランスなどほかのＧ７諸国にも共有された見方です。

このように見ると、G7の国家間交渉の結果生まれた共同宣言は文言の一つ一つが国の政策や企業の取り組みに影響を与え、温暖化ガスの削減目標の「60%」のように将来の事業を縛る形になっていることが分かります。

G7エネルギー大臣会合の名称は近年、「気候」という言葉が一番前に入るようになり、気候変動問題が最大の議題になりました。気候変動はそもそも温暖化ガスを削減するということがメーンの対策になりますから、エネルギーのあり方にも直結します。

相次いだ注文

さてここまでG7で最終的に合意した共同声明、合意文書の中身について紹介してきました。このような成案を得るまでに、日本に各国から批判と注文が次々についたという事実がありました。ここで説明したいと思います。

まず石炭火力発電所のあり方です。石炭は温暖化ガスの排出量が多いとして2015年のパリ協定採択以降、国連は早急に削減、廃止すべきものと主張しています。今回も欧州は廃止時期の明示を迫りました。実際、石炭火力は天然ガスよりも温暖化ガスの排出量は倍以上になります。

図表1-2　主要国が表明する石炭廃止の年限

国	廃止年
英国	2025年より前
フランス	2025年より前
ドイツ	2025年以降
イタリア	2025年より前
米国	電力部門を35年に脱炭素化
シンガポール	2025年以降
スウェーデン	既に脱石炭達成

［出所］Powering Past Coal AllianceのHPより作成

特に英国とフランス、カナダは「G7として範を示す必要がある」として2030年時点の廃止時期の明記を強硬に主張しました。日本は原子力発電所の再稼働も進まず、再生エネの導入も遅れているため、2030年度も発電量の2割弱を石炭火力に依存します。そのため、「エネルギーの安定供給のために必要だ」として受け入れませんでした。

その代わり、「対策の取らない全ての化石燃料を段階的に廃止を加速する」といった文言の追加は受け入れました。この文言は廃止の年限を明示しているわけではなく、日本がカーボンゼロを表明している2050年までに廃止という解釈もできるため日本は譲歩しやすかったからです。

欧州諸国は石炭の廃止時期を既に明示しています。米国は2035年に電力部門の脱炭素を言っています。時期を明らかにしていないのは実質的にG7では日本だけです。ドイツはG7の議長国だった2022年に、国内の石炭火力を2030年までに全廃すると声明に盛り込むように各国に打診しましたが、日本が強く反発して見送られた経緯があります。2023年のG7でも同じ展開となったため、ほかの6カ国に強い不満を残し、閉会以降も尾を引くことになりました。これは後述します。

電力部門をいつまでに脱炭素させるかという議論も白熱しました。2022年のG7声明では初めて「2035年までに電力部門の大部分もしくは完全に脱炭素化する」と盛り込みました。

電力部門の2035年脱炭素とは主に発電を再生エネと原子力でまかない、化石燃料を使う場合でも燃焼した際に出る温暖化ガスを地下貯留するなどして排出を実質ゼロにすることを指します。主に再生エネの大幅拡大を念頭に置いたものでしょう。

英国などは「完全に脱炭素化する」という表現だけを残すよう訴えました。日本は大部分という文言を残したいとして反論しました。脱石炭の年限も約束できないわけですから、2035年の完全な電力部門の脱炭素は当然できません。結果、「大部分」、政府文書で言う「大宗」という言葉は残りました。

しかもこの「大宗」は英語の原文では「predominantly」ですが、「51％以上であればいい」（経産省の担当者）、「8～9割じゃないと海外には理解してもらえないのではないか」（環境省幹部）などと解釈が分かれています。これでは企業も混乱します。

最も日本政府を悩ませたのが岸田政権の看板である「グリーン・トランスフォーメーション」（GX）にすら注文がついたことでしょう。「GXは言葉が曖昧だ」。声明の交渉過程では米国が公然とこう指摘しました。G7の合意文書の原文は英語ですが、米国は固有名詞である「Green Transformation」という言葉のかわりに「energy economic transformation」（エネルギー経済改革）を使用するように求めました。またGXという言葉に「1・5度目標と整合するように」という前提をつけることを求め、いくつかの国はGXの削除すら求めました。

日本はGXを日本発の看板政策としてアピールする狙いでしたが、各国の完全な賛同は得られず、最終的に一般名詞の「green transformation」という表記にとどまりました。交渉に携わった英国外交官によると、「日本のGXは何をするかが明白でなく、聞くところによると石炭火力の脱炭素化など気候変動対策に本当に貢献するか分からない内容も含んでいる」と反対した理由を明かします。

合意が最後までもつれ込んだのがEVの導入目標でした。英国は2035年までに主要市場での販売のすべてを電気自動車（EV）などにするよう要求しました。米国は「今後10年で小型車販売のうち5割をEVなどにする」案を求めました。ここでいう小型車は日本で言うところの普通車です。

日本は2000年比で一定程度の温暖化ガス削減を明記することで理解を求めましたが、それでも米国は販売台数による数値目標を明記するよう主張を続けG7気候・エネルギー・環境大臣会合初日の深夜まで交渉はもつれ込みました。明確な数値目標としてではなく米国が主張する「今後10年の小型車販売でEVなどを5割にする」という表現を盛り込んだうえで「可能性に留意する」という拘束力のある表現からは弱めた文言で声明は決着しました。

石炭火力で各国の不満残る

さて、G7気候・エネルギー・環境大臣会合の閉会後、西村康稔経済産業相はツイッター（現X）上で「再エネ、水素・アンモニア等の様々な分野で取組を加速する」と強調しました。

　このアンモニアという文言はG7で廃止時期の明記を再三求められた石炭火力と関連があります。石炭火力発電で燃料にアンモニアを混ぜ、いずれアンモニア100%にすることで温暖化ガスの排出をゼロとする事業は「ゼロエミッション火力」と呼ばれ、日本は脱炭素の中心事業に据えています。

　アンモニアだけを燃やせば確かに二酸化炭素排出はゼロになりますが、アンモニア100%の実用化は2040年代後半と言われています。アンモニアの調達コストや輸入量も膨大になります。それまで石炭を使い続けることになれば「石炭の温存につながる」（英国のシャップス・エネルギー安全保障・ネットゼロ相）という批判が出たのです。

　例えば英国の石炭事情を見ますと、英シンクタンク、エンバーの報告書では2023年の第1四半期において風力が天然ガス火力を抜き最大の電源となり、電力供給の約3分の1を占めています。既に石炭火力の割合は1・3%で全廃目前となっています。

　ちなみにアンモニアからは水素が取り出せますが、欧州が問題にしているのは石炭混焼で、水素用のアンモニアを批判しているわけではありません。

　日本政府の原案に発電部門における水素とアンモニアの活用を明記していましたが、英国、フランス、欧州連合（EU）が「発電用アンモニア」の文言削除を最後まで強く要求し、結局、「水素とその由来物」という曖昧な文言が加わりました。

石炭の廃止年限の明記が見送られたことに加えて、石炭火力の廃止時期を求める意見が強かったことを日本政府は対外的にほとんど発信しなかったことに会合の終了後、一部の参加閣僚から不満が渦巻きました。

当時、国内外の記者が詰めるプレスセンターはG7気候・エネルギー・環境大臣会合の会場である札幌プリンスホテルと道路を隔てた札幌市の中央区役所区民センターの建物にありました。そこにカナダと英国の大臣が訪れて共同で簡易な記者会見であるレクチャーをすることが一時、検討されました。結局、大臣らの帰国日程の都合やG7終了後、既に多くの記者がプレスセンターから離れていたこともあり共同レクは流れました。

カナダのギルボー環境・気候変動相は会合終了日の深夜に「石炭火力の廃止は2030年とするのが重要だ」と今回の共同声明に疑義をはさむステートメントを出しています。

米国のケリー氏も数日後のインタビューでアンモニア混焼事業への懐疑的な見方を明らかにしています。参加したドイツの政府高官も「アンモニア（混焼事業）は石炭を長引かせ

G7首脳らは気候変動問題も議論した（共同通信社）

る」と批判しました。共同声明発表後にこれだけの異論が噴出するのは異例のことです。これまで同事業への批判の主体は非政府組織（NGO）が主でしたが、G7を契機として国レベルに広がったことになります。後述する経済団体もG7を機に注文をつけています。日本がなぜこれほど石炭にこだわるかは、まさに東京電力福島第1原発事故後のエネルギー政策が要因です。それは次章以降で解説します。

日本は外交上のプレゼンスを維持するために、同じ価値観や政治体制を有する先進国の集まりとしてG7の一員であることに価値を見い出しています。日本は対ロシアではウクライナのゼレンスキー大統領を広島に招くなど「同じ価値観を有する自由主義陣営」（岸田首相）の結束を高らかに掲げながら、脱炭素では歩調を合わせないとなれば、ほかの6カ国からは当然不満は高まります。

対中国やウクライナ危機への対応に頭を悩ますG7諸国は交渉が決裂して合意が得られず、仲たがいしているように見られるのは避けたいのが本音です。各国が強い不満を持ちながらも、G7で合意が流れなかったのはそうした背景もあります。

いずれにせよ、日本はエネルギー分野の交渉ではこのように薄氷を踏む思いだったのです。

2　先導役を果たしたいG7

欧米がG7での脱石炭の合意にこだわるのは、中国への圧力を強めたいとの思惑があるからです。世界最大の温暖化ガス排出国である中国は再生エネやEVでも世界で最大の導入量がある一方で、石炭の消費量も世界の約半分を占めます。気候変動対策には中国の石炭使用を減らすことが欠かせません。

「中国は海外で新たな石炭火力発電プロジェクトを立ち上げることはしない」。2021年9月21日にニューヨークで開かれた国連総会で中国の習近平《シー・ジンピン》国家主席はこう表明しました。

図表 1-3　G7 各国の発電比率

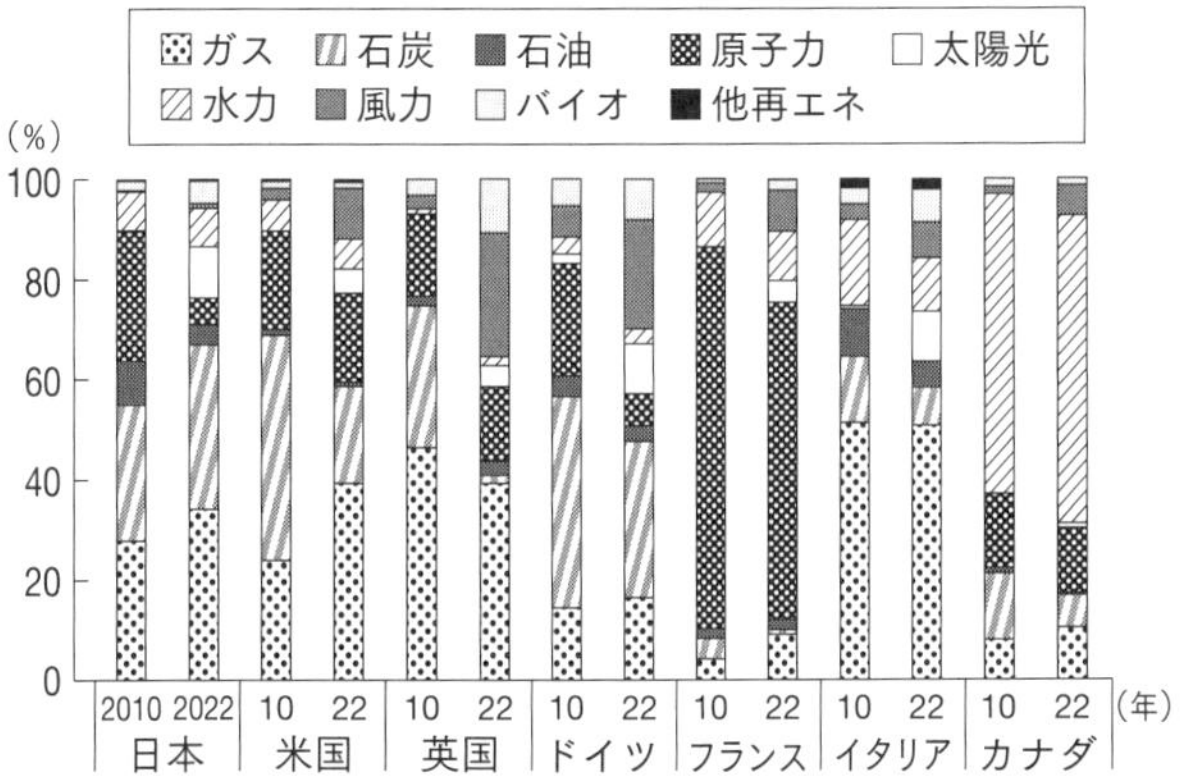

［出所］Our World in Data

この発言には伏線がありました。2021年6月に英国で開かれたG7首脳会議です。当時の菅義偉首相が石炭火力の海外支援の停止に合意したことでG7として海外では石炭火力を建設しないという取り決めができていたのです。

菅首相は首脳間の討議で、「温暖化ガス排出の削減対策が取られていない石炭火力発電について、政府による新規の輸出支援を年内で終了する」と表明しました。

日本と中国はともに東南アジアなどで自国の企業による石炭火力の新設を支援してきましたが、見直す方針にしました。日本がG7に協調し、輸出支援をとりやめたために、石炭火力を輸出するのは唯一、中国ということになり国際的な批判は免れません。「価値を共有するG7

で一致団結して中国に脱石炭を迫ることが重要」と米政府関係者は著者に話しています。

２０２1年のＧ７の議長国だった英国はその年のＣＯＰ26の開催国でもありました。英国は首脳会合に先立つ5月のＧ７気候・エネルギー・環境大臣会合から国内の石炭火力発電の廃止時期の明記と海外への石炭火力の輸出の公的支援を止めるように求めてきました。石炭火力のような大型インフラは政府保証や政府系金融機関の支援なしでは海外で事業はできません。公的支援を止めるということは輸出をしないということと同義になります。

気候・エネルギー・環境大臣会合で梶山弘志経産相は英国の提案に強硬に反対し、閣僚会合レベルでは合意できませんでした。しかし英国のジョンソン首相が首脳会合で改めて石炭の廃止と輸出支援停止を提起し、最終的には日本は輸出支援停止だけは折れました。

首脳会合で譲歩した背景には、「菅首相が決断した」という首相裁定にしたかったという背景や、閣僚会合で石炭の輸出支援を譲ってしまうと、サミットでは国内の石炭火力廃止の要求に集中するという懸念があったからといいます。

サミットの共同宣言では「石炭火力発電への公的な国際支援を２０２1年末までに停止する」と書き込まれました。これに伴い、日本のインフラの海外輸出を促進する国家戦略であるインフラシステム輸出戦略も改訂され「石炭火力発電の輸出については、２０２1年6月のG7コーンウォール・サミットにおける首脳コミュニケに基づき」「石炭火力発電への政府による新規の国際的な直接支援を2021年末までに終了する」と明記されました。

菅首相はG7の討議で「先進国だけでなく大きな排出国にさらなる取り組みを求めていくことは重要だ」と指摘しており、G7として石炭火力の輸出を続ける中国に同様の対応を迫りました。結局、9月の国連総会において中国の動向に世界が注目する中で習氏の発言がありました。支援停止では各国の足並みがそろった形になりました。

このようにエネルギーの分野においてG7は最も急進的な脱炭素政策を打ち出して世界の議論をリードするという狙いを持っています。一例として石炭火力の輸出支援ではその成果があったとは言えます。

2023年11～12月にアラブ首長国連邦（UAE）で開くCOP28では広島G7で宣言した「対策の取らない化石燃料の段階的廃止」や「2035年60％減」が合意文書に盛り込まれるかが争点になることは間違いありません。

さて2021年の英国のサミットの翌2022年の議長国はドイツでした。その交渉過程でも欧米諸国は脱石炭の年限を明記したG7合意をまとめようとして、日本が反発する展開となりました。議長国のドイツが2030年までの国内石炭火力の全廃を各国に打診して多数が同調する中、米国は「2030年代」の表現で合意文書に盛り込むよう求めました。日本の反対で廃止時期の明記が見送られたことは先にも述べました。

ケリー気候変動特使の下で2021年から特別顧問(スペシャルアドバイザー)を務めたアラン・ユー氏は取材に対してこう述べています。「中国やインドといった排出量の多い国々が行動を起こす必要がある。これらの国々から強力な行動を引き出すためには、G7がリードしなければならない。日本が脱石炭に関してもっと早く動くことが重要だ」。同氏は米国のシンクタンク「センターフォーアメリカンプラグレス」で国家安全保障のシニアバイス・プレジデントを務めています。

中国やインドに国内での石炭削減を迫る以上、G7でも先に国内の石炭廃止で合意していなければなりません。

石炭の廃止は英国のような2025年より前という早期でなくてもいいはずです。日本も2050年のカーボンゼロを法律化しているわけですから、それよりも前の時期に石炭の実質的な廃止は打ち出すことができるはずです。

政府が石炭火力の廃止時期を明確にしないことについて、日本企業でも武田薬品工業や三井不動産など230社超が参加する日本気候リーダーズ・パートナーシップ(JCLP)は

「1・5度目標に整合しない石炭火力発電については早期にフェーズアウトの目途を付ける必要」を指摘し、G7でも話題になったアンモニア混焼の取り組みの排出削減効果やコストを精査して見直すことを要望しています。JCLPの参加企業をすべて合わせると売り上げは約145兆円に上ります。企業の団体としてもかなり大規模です。

ちなみにJCLPによると、「日本企業と言うだけで、石炭で脱炭素に逆行しているというイメージが想起されてしまっている」という現状も国際会議の場においてあるようです。

前衆院議長でJCLPの特別顧問に就任した大島理森氏は著者とのインタビューでG7で日本に批判が相次いだことについてこう語っています。

「鋭い指摘が存在したということを重く受け止めるという構えが大事だ。規制をきっちりすることによって活動はせばめられるという不安もあるが、その規制をどうやって乗り越えていくかというところにいわゆるイノベーションが生まれてくる」

「かつてオイルショックの時代に日本の自動車メーカーの皆さんにいかに油を使わないで効率の良い自動車を作るかという、日本人の英知を結集して世界のナンバーワンの地位を得たように、世界あるいはG7から指摘があって、どう乗り越えるか。そこに大きなチャンスがあるのかもしれないと思って逃げずに立ち向かうことが大事だ」

「鋭い指摘」を日本の政府や企業がどうかみ砕いていくか、G7の一員としての力量が問われます。

3　なぜエネルギー転換が必要なのか。相次ぐ気象災害

人為的で間違いない気候変動

現在進む再生エネを主体にしたエネルギー変革は農業や産業、情報に次ぐ「第4の革命」にあたるという見方もあります。ではこのようなエネルギーの変革はなぜ必要になっているのでしょうか。言うまでもなく原因は気候変動の被害が急拡大していることです。

世界で温暖化問題が本格的に議論され始めたのは1992年の「国連環境開発会議」、いわゆる地球サミットという会議以降です。しかしこの頃はまだ石炭を全廃するとか、再生エネを拡大するなどの個別の政策までは主要なトピックになっていませんでした。

議論が本格化したのは、中国などの新興国が台頭し、温暖化ガスの排出が急増した2000年代以降です。

世界の科学者で構成する国連の気候変動に関する政府間パネル（IPCC）は2021年

8月に地球温暖化の科学的根拠をまとめた作業部会の報告書（第6次評価報告書）を公表しています。そこで「人間の影響が大気、海洋及び陸域を温暖化させてきたことには疑う余地がない。大気、海洋、雪氷圏及び生物圏において、広範囲かつ急速な変化が現れている」と踏み込んでいます。

「気候システム全般にわたる最近の変化の規模と、気候システムの側面の現在の状態は、何世紀も何千年もの間、前例のなかったものである」とも明記し、工業化に起因する温暖化と異常気象の関連を指摘しました。

スイスに本部がある世界経済フォーラム（WEF）は2023年1月、ダボス会議に合わせて国際社会が警戒すべき脅威を分析した「グローバルリスク報告書」を公表しました。今後10年間では「気候変動緩和策の失敗」を最大のリスクに挙げています。緩和とは温暖化ガスの削減を意味します。

上位10位では「自然災害と極端な異常気象」や「天然資源の危機」といった環境リスクが多くを占めています。リスク報告書は民間のリスク管理担当者、政策立案者、有識者、産業界のリーダーなど1200人以上の回答に基づいてまとめられていますが、これらの世界を代表する人たちが中期的には気候変動が最大のリスクであると判断していることは日本でもしっかり認識する必要があります。世界の金融関係者は気候変動が金融機関に与える予想外のリスクを「ブラックスワン（黒い白鳥）」になぞらえ、「グリーンスワン（緑の白鳥）」と呼んでいます。

気候変動の話題は日本でも常に注目を集めるニュースになっています。天皇陛下は22年2月、62歳の誕生日の記者会見の際、「幅広い関係者が手を携えて脱炭素社会の実現に取り組まなければならない」と強調しています。「気候変動問題が改善していくことを心から願う」とも言及しました。

コンピューターの発展で温暖化の影響がよく分かるようになってきました。科学者らが今のような「温暖化した状態」と、工業化以前の「温暖化していない状態」の地球をコンピューターで再現しました。大量に計算を繰り返してデータを比べることで気候変動の影響がより詳細に分かるようになってきました。これをイベントアトリビューションの手法といいます。

いずれにせよ、エネルギーの変革を促す原動力となっている気候変動をまず知らないと、世界の動きも理解できなくなりますので、国内外の事例からここで詳しく説明したいと思います。

「地球が沸騰」

英保険仲介大手のエーオンによると2022年の台風や洪水などの気象災害の損失は2990億ドル（約43兆円）に上りました。2023年7月は観測史上最も暑くなり、国連のグテレス事務総長は「温暖化ではなくて地球が沸騰している」と危機感を示しています。

山火事のニュースが新聞やテレビで取り上げられました。春にはカナダで大規模な山火事が発生し、ニューヨークの空がかすむという事態になりました。北米の各都市がうっすら煙につつまれ、太陽光が遮られてオレンジ色の空が浮かび上がりました。現地の人々はキリスト教において「世界の終末」を意味するアポカリプスのようだとまで表現しました。

煙で見通しが悪くなった影響でニューヨーク市付近の空港便が一部キャンセル・遅延して、図書館など官公署と動物園が閉鎖しました。米プロ野球メジャーリーグの試合も延期されるなどしました。

山火事で大気汚染も深刻になりました。「健康に大きな脅威となる」というレベルに分類されるほどになり、コロナ禍のようにマスクの着用を強いられる人も増えました。煙は大西洋を渡ってノルウェーにまで到達したといいます。

バイデン米大統領は「今回発生したカナダの山火事は気候変動の影響を明確に示すもう一

米国とカナダ国境付近の山火事。2023 年 7 月（ロイター／アフロ）

つの事例」との声明を発表しました。実際、カナダ政府の環境・気候変動省のギレット研究員は「人為的な気候変動によって、カナダは世界平均の約2倍の速度で温暖化している。カナダでは山火事で焼失する面積が長期的に明らかに増加している。気候変動がカナダにおける極端な森林火災のリスクを高めていることは明らかだ」と話しています。

2023年7月に欧州や北米などで猛烈な暑さとなった熱波について、英国の大学などの研究者らは地球温暖化がなければ、「事実上起こりえなかった」とする分析結果を発表しています。英国のインペリアル・カレッジ・ロンドンやオランダの王立気象研究所の研究者らは1950年以降の7月と8月の最高気温のデータや複数のシミュレーションをもとに温暖化との関係を分析しました。

カナダのほか2018年と2020年に大きな山火事被害が出た米カリフォルニア州も有名ですが、ロシアやトルコ南西部、ギリシャなどでも相次いでいます。

カナダのような寒冷な地域で山火事が起こるのも不思議な現象には見えます。しかしIPCCによると、北極圏は他の地域の2倍超のペースで温暖化が進んでいます。例えば、シベリアの2020年1～6月の平均気温は、1981～2010年の同期間の平均より5度以上高くなりました。カナダではここ数年40度を超えるような酷暑が頻発していました。

米国では保険の引き受けを停止するという事態も起きています。カリフォルニア州の大手保険会社であるステートファーム社は、山火事などの大災害によるリスクの増大を理由に、カリフォルニア州での住宅所有者保険の受付を停止しました。「会社の財務体質を改善するために、今このような行動を取ることが必要だ」と同社は理由を発表しています。

カリフォルニア州では、2018年の大規模な山火事で一時は5万人近くが避難することになりました。その余波で保険会社は莫大な損失を被り、破綻する会社も相次ぎました。保険料の上昇を招き、保険に加入するための資格要件も厳しくなりました。

州当局は、山火事に見舞われた地域の契約を減らすことを保険会社に禁じたり、保険会社に割引の商品を提供するよう指示したりしましたが、同州ではその後も毎年のように山火事が猛威を振るい、そのような対応もできなくなりました。2022年には別の保険大手でAIGとして知られるアメリカン・インターナショナル・グループは、同州の保険当局に住宅所有者向け市場から撤退することを通告しています。

熱波で350兆円の損失

熱の被害は深刻です。欧州の研究チームは2022年5月末からの3カ月ほどで6万1000人超が熱波関連で亡くなったと見ています。

医学誌ランセットによれば、2000年から2018年にかけて65歳以上の人が暑さの影響で死亡する確率は55%増加しました。国際労働機関（ILO）もフルタイムで働く8000万人分の労働力を「熱ストレス」で2030年までに失うと分析しています。熱波で日中に働けなくなることなどにより、経済損失は2兆4000億ドル（約350兆円）に及ぶといいます。

世界の気温は既に産業革命前より約1度上がりました。1度程度の上昇でも長期にわたる暑さで体温調節の働きや心身に影響を与えるといいます。目まいや極度の疲労は、企業のサプライチェーンなどに悪影響を及ぼし、生産活動や食料供給の停滞を招きかねません。

英国では社会インフラが高温を想定しておらず、ロンドンの地下鉄には冷房がない路線もあります。鉄道会社は猛暑の時期には不要不急の外出を控えるよう呼びかけるようになりました。

感染症も脅威になります。蚊が媒介するデング熱には約4億人が感染しています。1970年以前は重症のデング熱の流行は9カ国にとどまっていましたが、現在では100カ国以上に広がります。頻発する洪水もコレラの感染者を増やしています。

温暖化により、永久凍土に封印されてきた有害な物質も姿を現し始めています。ロシアのシベリアでは隕石が衝突したような巨大な穴が突如出現する現象が相次いで報告されるようになりました。特に2020年5~6月に発生した穴は深さ約30メートル、直径約25メートルにもなりました。2021年2月、ロシアなどの研究者は永久凍土がとけたため地中のガスが噴き出した可能性を指摘しました。

凍土の下には二酸化炭素やメタンガスが多く眠っています。温暖化で有機物が温められ分解されると放出されます。永久凍土は大気のほぼ2倍の炭素を含みます。ガスが出ると温暖化が進み、さらなる凍土の融解につながります。各国の温暖化ガスの削減努力を帳消しにする悪循環を生みかねません。

シベリア西部では2016年、炭疽《たんそ》菌による住民の集団感染が起きました。研究者によると、同年に起こった熱波の後、永久凍土から姿を現したトナカイから病原菌が放出されました。1918〜1919年に大流行し、世界中で数千万人の命を奪ったスペイン風邪の痕跡もアラスカから発見されています。


洪水も一過性ではなくなりました。国連防災機関が自然災害の発生件数をまとめた統計によると、1998〜2017年は洪水が最多で3148件。台風などを含めると水害関連が全体の7割を占めました。別の統計でも洪水の件数が2019年までの10年で毎年150件前後に達し、1980年代の50件前後から大幅に増えています。

中国では2020年に大豪雨の被害で数兆円の被害が出ました。2020年6月以降の雨量はここ60年近くで最大となり、長江流域の河川で観測史上最高水位を記録。地下鉄内に濁流が流れ込んだ映像を記憶している読者もいるかと思います。中国全土で被災者の数は延べ5481万人に上り、習近平国家主席は豪雨被害に「状況は厳しい」と漏らしていました。

インドやパキスタンなど南アジアでも、2019年7~10月の大雨で2300人以上が死亡。パキスタンでは2022年に全国土の3分の1が浸水し、1400人以上が亡くなりました。

行政が出しているハザードマップが十分ではないという事例もあります。科学者と共同で洪水予測技術を開発する米国の非営利団体、ファースト・ストリート財団は全米で浸水被害の恐れがある物件の数は、米連邦政府想定の1・7倍に達すると2020年に明らかにしています。「豪雨」や「洪水」「高潮」「海面のうねり」などの影響を予測に取り入れて土地ごとに再評価しました。

IPCCなどの予測を元に将来に起こり得る気候変動を織り込んで、浸水のリスクを再評価したのです。米連邦政府所管の機関が想定するのは870万件でしたが、結果は「1460万の物件が危険にさらされる」というものでした。

政府試算を再評価する理由について、同財団は「最も重要な資産である家を守るため、可能な限り多くのデータと情報を提供し、人々の意思決定を助ける」とリスク開示の意義を語っています。また「気候リスクを、個人、政府、産業界にとって身近で、理解しやすく、行動しやすいものにする」ともいいます。

北極で大国がけん制し合う

こうした気候変動現象に北極圏が影響を受け、大国間の安全保障問題に発展する例もあります。グリーンランドは急激な気温の上昇が氷床をとかしたことで陸地が露出し、埋蔵資源の争いが過熱したことがあります。先ほど述べたように北極圏は温暖化が他地域の2倍のペース進んでいます。

「中国の鉱山開発プロジェクトは宙に浮いた」。北極圏にある世界最大の島、グリーンランドの自治政府が2021年4月に実施した議会選挙の結果について世界各地でこんな報道が相次ぎました。グリーンランドは温暖化の影響により、2019年には氷床がとけた量が5320億トンに上り、これまで氷に閉ざされてきた鉱床の探査が可能になりました。触手を伸ばしたのが中国です。南部の鉱床開発にレアアースの生産で中国最大手の企業が名のりを上げました。

そのため2021年4月の議会選挙では鉱山開発の是非が争点となったのです。結局、環境保護を訴える政党が第1党となる得票率を得たことで、中国の戦略は棚上げになりました。レアアースは各国や産業の気候変動対策に欠かせない資源です。EVや風力発電所のタービンの材料となります。

グリーンランドのレアアースの埋蔵量は世界最大級といいます。脱炭素戦略の要所を中国が握ることに各国は神経をとがらせ、ブリンケン米国務長官は2021年5月20日にグリーンランドを訪問し関係強化を訴えました。

「(温暖化が) 北極圏などを不安定化させる要因になっている」。オースティン米国防長官も2021年4月に米国が主催した気候変動サミットで警鐘を鳴らしています。

ほかにも温暖化の被害は海面上昇や農業、難民の増加など多くの分野で既に顕在化しています。水害により移住を余儀なくされた住民は2020年でも約2800万人に上っています。西太平洋では8つの島が既に水没したとの報告もあります。

4　6000万人、75%の資産が危機に

対応を迫られる自治体やインフラ

さてここまで主に外国の事例を紹介してきましたが、日本も他人事ではありません。

2023年夏も酷暑日続きでしたが、ここ数年は同じ傾向が続いています。2022年6月でも観測史上初の40度を超える地点が出るような猛暑が続きました。

日本救急医学会の医師らは2022年6月の記者会見で暑さを「災害級」と強調しました。群馬県伊勢崎市では25日に6月として国内初の40度以上を観測。7月1日には茨城県内を走る関東鉄道常総線が暑さによるレールのゆがみで運行できなくなりました。

世界の気温は約1・1度上昇しましたが、日本は100年で約1・3度と上昇幅が大きく、東京の8月の平均気温は約2度上がりました。

気象庁気象研究所などは2022年6月下旬~7月上旬の記録的猛暑は、地球温暖化の影響がない場合に比べ、約240倍起こりやすくなっていたとの分析結果を発表しています。温暖化がなければ、1200年に1度しか起こり得ない極めてまれな現象だったといいます。

「緑深い山々と豊かな水をたたえる列島」。日本はこうした自然に様々な恩恵を受けてきました。しかし気候変動の脅威にはこうした地形の特徴は脆弱であることが浮き彫りになりつつあります。

治水などを管轄する国土交通省によりますと、日本は河川の水位よりも低い約10%の土地に人口の半数の約6000万人が住んでいます。さらに75%の資産も集中しています。山が多く、平野が少ないため大きな人口を収容する東京などの大都市は河口近くの低地に展開せざるをえないためです。

日本では豪雨被害や台風の大型化、海面の上昇といった温暖化の影響が次々に明らかになっています。

例えば2019年10月に東日本を襲った台風19号です。新幹線が水没したり、多摩川が氾濫したりして記憶に新しい読者の方も多いと思います。

オックスフォード大などは台風19号の保険損害額約1兆3000億円のうち5200億円程度が気候変動による海水温上昇などの影響があったという研究成果を公表しています。国土交通省の統計でも台風19号の水害被害額は統計開始以来最大だったといいますが、実に3割程度が気候変動で増幅された計算になります。

国や企業、自治体も現状のままでは被害が大きくなるとして、新たな対策に乗り出していますが、十分に防げていません。著者も台湾やマレーシアなどアジアのメディアと日本の現状を取材することがありました。

埼玉県春日部市には1面の田畑に住宅が点在する田園地帯に、洪水を防ぐために建設された巨大な施設があります。国土交通省が管理する首都圏外郭放水路です。地底50メートルを東西に6・3キロ貫いています。

周辺の河川からあふれた水を地下に取り込み、放水量を調整しながら、江戸川に流す機能を持ちます。2006年に完成しました。

圧巻なのは調圧水槽と呼ばれる施設です。高さ18メートル、全長177メートルの空間は水槽という名の通り、洪水時に一時的に水をためます。水圧に耐えるための立柱群はまるで古代ギリシャの神殿を思わせます。これまで約1500億円の浸水被害軽減効果があったといいます。

2019年10月に東京をはじめ東日本を襲った超大型の台風19号の際は約1218万立方メートルの水をため込んだり、放流したりして、264億円相当の浸水被害軽減効果があったようです。

取材当時の秋山信之・同放水路管理支所長は「(短時間に猛烈な雨が降る)ゲリラ豪雨などが最近は多い。すぐに小さな河川はあふれるようになった」と温暖化の影響を語っています。

政府は2015年、IPCCによる報告書やCOPにおける議論の状況を踏まえて気候変

国が整備した首都圏外郭放水路の調圧水槽（共同通信社）

動適応計画をまとめています。水害に対してはダム建設や堤防強化などのほか、自治体と連携した避難計画の策定や災害リスクを考慮して住居の移転を促すなどのハード、ソフト両面から取り組むことを決めています。

埼玉県の「神殿」が首都圏の被害を和らげました。一方で2019年の台風19号では長野・千曲川の堤防決壊により、新幹線が120両も水没し、廃車となりました。損失額は計約148億円にのぼるといいます。床下にあるモーターなどを制御する電気系統が被害を受けたためで車内もほとんどのシートが座面からひじ掛けまで水につかっていました。JR東日本の深沢祐二社長は「安全性や安定性を考え、修理より新造の方が適切と判断した」と会見で述べています。

日本の移動の足となっている新幹線は浸水被害に脆弱《ぜいじゃく》です。長野県の車両基地はハザードマップで浸水が最大10メートル以上と想定されていました。2メートルの盛り土をして対策をしていましたが、それでも不十分でした。

全国の新幹線車両基地の約6割が浸水想定区域にあります。車両基地は広い平地のスペースが必要で、山が多い日本では高台への移転は簡単ではありません。盛り土や土地のかさ上げも限界があります。そのためJR各社は車両避難計画を決めて、大型の台風や豪雨の予報がある場合は高台の駅などへの車両避難を実施することにしました。

その場合、降雨予測の精度も重要になりますが、近年の気候変動を前に気象庁も豪雨被害の十分な予測が難しくなっています。気象庁のデータでは、国内で「滝のように降る」とされる1時間雨量が50ミリ以上の雨の平均年間発生回数が、2010～2019年は統計を取り始めた1976～1985年の約1・4倍に増えています。また1976年から2020年の45年間では「3時間雨量が130ミリ以上」の集中豪雨の発生頻度は2・2倍に増加し、月別では7月の発生頻度が約3・8倍にまで増えています。いわゆる線状降水帯のような集中豪雨のことです。

この線状降水帯は予測することも難しく、予報が十分に行われない例もありました。

2023年7月10日に九州北部で死者を出した豪雨でも予測は発表されませんでした。自治体の避難指示も遅れ、住民の対応が遅れる原因ともなりました。かつての気象庁の関田康雄前長官も「われわれの実力不足だ。（予測の）技術開発を進める」と語っています。

東京の大動脈である東京地下鉄（東京メトロ）は、気候変動による影響も考慮された中央防災会議による浸水シミュレーションをふまえて対策を進めています。東京メトロは首都圏に195キロに上る網の目のような営業線路を張り巡らせています。2004年の台風22号では実際に駅の一部が水没する被害が出ました。

台東区上野の下町のビル街の片隅に銀座線の電車の留置場があります。下町は荒川や江戸川、墨田川などの大河川に囲まれた「ゼロメートル地帯」で水害の危険性をたびたび指摘されています。川が氾濫すれば瞬く間に留置場から地下の線路に水が流れ込んでしまいます。東京メトロは東京を流れる荒川が氾濫した際に備え、2021年9月に新たな対策を施しました。銀座線上野駅に直結する地上の留置場との線路の間に水深6メートルの水圧に対応できる防水ゲートを設置しました。最短で1分強の早さでゲートを降ろし、水の浸入を防ぐといいます。

2018年9月の台風21号はアジアからの旅行客で混雑していた関西国際空港を直撃しま

した。暴風で流されたタンカーが空港の連絡橋に衝突し、鉄道、バスも不通になりました。8000人が一時孤立し、海外でも大きなニュースとなりました。

最大瞬間風速は関空で約58メートル。約5メートルになる高波が堤防を何度も越えて空港に打ちつけ、滑走路を含めて空港全体が水浸しになりました。地下にあった電源が水没したことで大規模な停電も発生しました。

関空は沖合の人工島にあります。いつ同じような被害に遭うか分かりません。

関空は防災工事に着手。既に空港島の一部、約6キロを最大2・7メートルかさ上げし、消波ブロックを、越波が大きかった東側と南側の護岸のうち約4・5キロにわたり増やしました。

総工費は541億円に上りますが、一連の工事で想定の浸水量を2018年の台風被害の270分の1まで抑えられる見通しといいます。波の高さはまさにIPCCの報告書の海面上昇の予測などを参考に対策を施しているといいます。

財源問題

気候変動は日本の行政に大きな難題を突きつけています。防災は巨額の費用がかかります。1990年代から続く低い経済成長と少子高齢化でダムの建設や堤防の強化といった大型公共事業に回す財源が枯渇してきているからです。

2020年7月に発生した熊本県豪雨災害では球磨川の上流にダムの建設工事計画があったものの、生態系への影響懸念や巨額の費用が「無駄」との批判があり工事は進みませんでした。2008年に熊本県の蒲島郁夫知事がダムの白紙撤回を要求。民主党政権時の2009年に建設中止を表明しました。同政権は大型公共事業を批判し、予算を公共事業から福祉に回す「コンクリートから人へ」という政策を掲げていました。

しかし11年後に人命を伴う被害が発生し、蒲島知事は結局、「地球温暖化で雨の降り方が変わってきた」としてダム建設容認に転じました。

治水のために日本全国に改めて公共事業を実施するには巨額の費用がかかります。防災は世界でも温暖化ガス削減と並んでコストがかかるものとして各国政府を悩ませています。

熊本の水害の問題は、財政のバランスをいかに取るか課題を残した良い実例です。そもそもダムの建設だけでは近年の気候変動問題は解決しません。

既に起きた温暖化や海面上昇などに対応するために防災を強化することを「適応策」と言います。温暖化ガスを削減することは「緩和策」と呼びます。気候変動対策には両方への対応が必要でいずれもコストはかかります。

土砂災害の件数は1990～2009年までの年間平均が1000件程度なのに対し、2010年以降は1500件になりました。毎年のように激甚災害級の豪雨被害が起き、治水対策はついていけていません。

そのため国や自治体はハード整備とソフト対策を組み合わせる対策に乗り出しています。ソフト面は土地の利用規制やハザードマップに沿った街づくりや、避難体制の強化を重視する政策です。先述の台風18号を経験した東日本では、故意に田に水を流して遊水池化して水害を和らげるという取り組みも国と地元住民の間で進んでいます。気候変動は世界そして日本において最優先で解決すべき課題になっているのです。

5　2030年、2035年までのエネルギーの道筋

カーボンゼロ、カーボンニュートラルという言葉をよく聞くようになりました。2050年に主に二酸化炭素の排出を実質ゼロにするという意味です。異常気象を一定程度に抑えるパリ協定の「1・5度目標」の実現のために達成すべきとされています。日本では忘れられ

がちな議論ですが地球の気温上昇を1・5度以内に抑えるためには「50年にゼロ」にするだけではなく、2030年や2035年時点においても相当な削減が必要になります。

地球が許容できる二酸化炭素の累積排出量には限りがあります。世界の気温上昇を産業革命以前から1・5度以内に抑えるには、残りの排出量を4000億トン以内（2019年時点の推計）にする必要があります。これを突破しないように上限を設けるのが「炭素予算」（カーボンバジェット）という考えです。

気温上昇は二酸化炭素の累積排出量と比例するため、一定の気温に抑えようとすると自ずと二酸化炭素を排出できる上限が決まります。

IPCCは1・5度目標を実現するのにあとどれくらいの排出が許されるのかを推計しています。産業革命以降、計2兆8000億トンまでしか排出できません。2019年までに既に2兆4000億トンを排出したといいます。岸田首相が「勝負の10年」とG7で繰り返した理由はこれです。

G7の共同声明に脱炭素の「多様な道筋」という言葉が入ったことを経産省などは強調しますが、あくまで「気温上昇を1・5度に抑えることを射程に」という炭素予算を前提とし

図表 1-4　IEAは2030年時点では足元の技術の活用の重要性を強調している

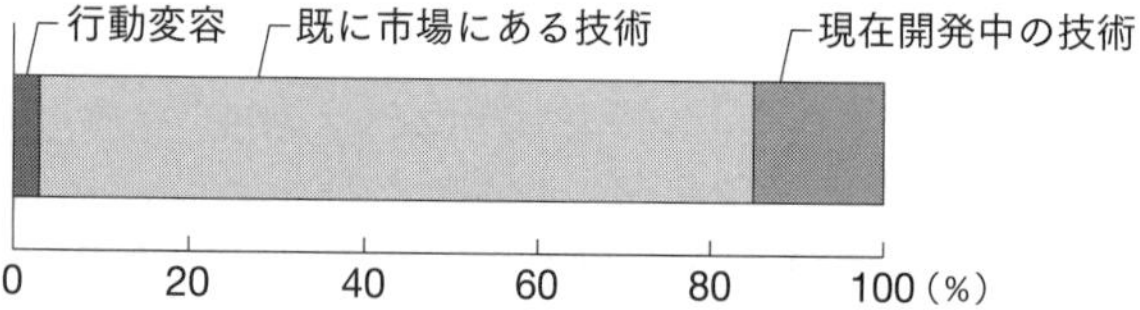

［出所］IEA「Net Zero by 2050」

た文言がついていますから、結局は足元の再生エネの拡大など、やれることは限られています。

ＩＥＡは１・５度目標と２０５０年の実質脱炭素を目指すうえで、２０３０年時点でどの技術が有用になるか、絵図で示しています。その8割以上が太陽光や風力などの再生エネやＥＶです。既に市場にある実用化した技術です。

具体的には２０３０年までに世界の自動車販売の60％を電動車にする、すべての新築の建物はゼロエミッションとするなどが挙げられています。再生エネの発電シェアは２０３０年には60％以上、２０３５年までに内燃機関車（乗用車）の新規販売を停止すること、２０４０年までに世界の電力部門における二酸化炭素排出のゼロ達成を求めています。ここまで明確にロードマップが規定されています。

報道では連日、様々な脱炭素技術が報道され、「脱炭素の切り札」とか「ゲームチェンジャー」ともてはやされていますが、実用化の時期やコスト面で商品化できるか定かではない技術が多いのが実情です。開発途上の技術に頼る計画では、脱炭素が絵に描いた餅に陥る恐れがあります。

欧州や米国など再生エネやEVの各国の規制や政策は炭素予算になるべく準じたものにしています。日本は多くの企業が２０５０年のカーボンゼロは掲げているものの、２０３０年や２０３５年断面でIEAの道筋には届いていません。これは国際的に批判される理由にもつながります。

IPCCは２０１０～２０１９年の10年間で低炭素技術のコストが劇的に下がったとの試算を示し、太陽光は85％、風力は55％、EVなどに使うリチウムイオン電池は85％安くなったと指摘しています。IEAは２０５０年断面では技術のイノベーションを相当見込んでいます。しかし２０３０年、２０３５年のエネルギーの道筋は足元の技術をしっかりと導入するということが大前提になるのです。

インドで２０２３年9月10日に閉幕したG20サミットでは「再生エネを２０３０年までに世界で3倍に拡大する」という方針が共同声明に明記されました。IEAが、１・５度目標のために最低限必要と主張してきたものです。

IEAによると、実現すれば2023年から2030年の間に約70億トンの二酸化炭素排出を回避できるといいます。中国の電力部門から排出されている二酸化炭素総量に匹敵する削減幅です。

IEAは2024年の世界の再生エネの設備容量を約45億キロワットと見込んでいます。単純に3倍すれば150億キロワット規模になります。先ほど紹介したG7の再生エネ拡大目標よりも野心的で、COP28の合意文書に明記されるか注目されます。

6 エネルギー安保と一体化

バイデン大統領の演説

エジプト北東部のリゾート都市シャルムエルシェイクで2022年11月に開催されたCOP27はロシアのウクライナ侵攻後初めて開催されたCOPでした。戦時下のエネルギーのあり方も議題の一つとなっていました。11月11日夜、COP27の会場でにわかに警備員や警察が増強され、ものものしい雰囲気につつまれました。バイデン大統領がまもなく会場に到着するとのアナウンスもありました。

COP27で演説するバイデン大統領（AP／アフロ）

マスコミが待機するプレス会場は空港が見える位置にありましたが、記者やエジプト人の警備員も窓にへばりつくように大統領が乗るエアフォースワンの着陸を見つめました。

さっそうと会場入りしたバイデン大統領はメーンホールで気候変動対策の重要性を説いた後、「ロシアの戦争は世界を化石燃料依存から脱却させる緊急性を高めただけだ」と述べました。来場者は立ち上がり、大きな拍手が起こりました。バイデン大統領はその後も安全保障の観点から脱炭素、再生エネ拡大の必要性を強調しました。

バイデン大統領の言葉は数字で裏づけられています。IEAは2023年6月、2024年の再生エネ発電設備容量が約45億キロワットになる見通しを公表しています。IEAのビロル事務局長も再生エネの拡大について、「2050年の二酸化炭素実質排出ゼロに向けて各国が導入を加速したほか、ウクライナ危機で化石燃料依存への危機感が強まった」ことが要因と分析しています。

また化石燃料が高騰し、再生エネのコストも下がっているために相対的な競争力も高まっています。輸入燃料に頼らず自国で発電でき、エネルギー安全保障につながることが最大のメリットになっています。

再生エネの設備容量は2024年には全電源の5割規模になると見られ、世界の再生エネの設備容量は2022年に2021年比で約3・3億キロワット拡大。2023年には4・4億キロワット増え、前年からの増加幅は過去最大となる見通しです。

国際再生可能エネルギー機関（IRENA）が発表した最新の報告書「World Energy Transitions Outlook 2023」でも2022年に追加された再生エネの発電設備は世界で増えた発電容量の83％を占めたといいます。

著者はロシア侵攻直後の2022年3月、欧州最大手の電力会社であり、イタリアに本社がある電力大手エネルのCEO、フランチェスコ・スタラーチェ氏（当時）に取材しました。

エネルは世界で電力事業を展開し、売り上げ規模で世界最大手です。

スタラーチェ氏はバイデン氏の言葉の通り、「脱ロシアは脱炭素をむしろ加速させる」と予測していました。インタビューの内容を引用します。

「ロシアがウクライナに侵攻した今回の戦争は脱炭素の方向性を加速させることになるだろう。EU圏の天然ガスへの依存について、供給源にかかわらずリスクがあることが明らかになった。ガスは気候変動にとっても有害だ。発電におけるガスの依存度を下げる必要がある。ガス火力による発電を再生エネに置き換えることが最初のステップとなる」と化石燃料依存の安全保障上のリスクを挙げました。

さらに「足元では石炭ではなく液化天然ガス（LNG）基地の建設を加速させ、脱炭素社会への移行に向けた選択肢を増やさなければならない。ただ、ガスはあくまで移行手段であるべきで、その移行期間を短縮する必要がある」

ガスを短期的に使いながらも、再生エネがロシア産のガスの代替としては最有力手段との指摘でした。

また当時は欧州がロシアからの供給が途絶した天然ガスに代わり、石炭に回帰したという報道が相次いでいましたが、スタラーチェ氏はこれを否定しこう述べました。「欧州では（ロシア産の天然ガスの輸入急減で）一部の石炭火力発電所の廃止が1～2年遅れることはあるが、中長期的に石炭を利用し続けることはない。石炭はいずれ経済的な理由からフェーズアウトする。政治家ら政策担当者が働きかけているからではなく、環境への負荷が大きすぎて気候に危険なためだ。石炭の使用はどんどん経済的ではなくなっている」

イタリアも対ロシアではドイツ、フランスと並ぶ欧州の主要国です。欧州最大手の電力会社の見方は今後のエネルギー情勢を見極めるうえで日本の企業にも参考になるでしょう。

北米産EVの推進

脱炭素を安全保障に絡める動きは再生エネ以外にもあります。バイデン大統領はCOP27の演説で2022年夏成立にこぎつけたインフレ抑制法にも触れて「わが国の歴史上最大かつ最も重要な気候変動法だ」と自賛しました。

第3章で詳述しますが、同法はEVなどのゼロエミッション車（ZEV）や再生エネの普及を後押しする税控除、補助金などの政策を盛り込んでいます。この米国の新しいEVの施策は世界中を巻き込んだ争点になりました。

中国に車載電池用部材を依存することへの危機感が高まったことを受けて、法律で支援対象を北米生産車に限るなど新たな要件を定めたためです。米国は自国市場のEVについて、消費者が最大７５００ドル（約１１０万円）の税額控除を得られる販売支援策を採っていますから、米国産以外のＥＶは大きな不利益を被ることになります。

脱炭素と安全保障を一体化させた政策ですが、本来、同盟国である西側諸国とも新たな摩擦を生みました。韓国からも反発の声が上がりました。「すべてのＥＶを差別なく補助対象にすべきだ」。尹錫悦《ユン・ソンニョル》大統領は米韓首脳会談などでこう述べてバイデン氏に是正を求めました。

フランスのマクロン大統領も同様の懸念を伝達しています。バイデン大統領は西側各国の懸念に耳を傾ける姿勢を示しながらも、結局米国は国産を優遇する方針を変えませんでした。このことによって各国の自動車メーカーなどが相次いで車載用の蓄電池工場を米国に建設することになりました。

水素でも動きがあります。ＥＵの欧州委員会は２０２２年5月、水素の生産に必要な電解槽装置の製造業者など20社の最高経営責任者（ＣＥＯ）らと生産拡大に向けて合意しました。製造能力を10倍とする目標を掲げました。水素が二酸化炭素を排出しない一方、熱量も高いことからロシア産の化石燃料の代替として期待を寄せた形です。

これまで化石燃料への依存度が高かった東欧諸国はＥＵの急進的な温暖化ガス削減計画に

反対する場面が多々ありました。ところが2022年5月にEUがまとめた再生エネの大幅拡大を柱とする「リパワーEU」にはすぐに同調しました。各国がエネルギーのロシア依存脱却にかじを切ったことが影響したと見られ、ポーランドは洋上風力発電や原子力に注力し始めています。

パリ協定を採択したCOP21で議長国フランスの気候変動交渉担当大使を務めた欧州気候財団のローレンス・トゥビアナCEOは「欧州のグリーン政策は単に気候対策ではなく、安全保障の確保に必要な手段となった」と分析しています。

ブルームバーグNEFによると、世界の脱炭素関連投資は2022年だけで約162兆円に上りました。おおよその半分が再生エネとEV関連になります。中国は約80兆円、EUは約26兆円、米国は約20兆円です。日本は約3兆円でした。世界は官民挙げて脱炭素、エネルギー安全保障の両面で大きく動いています。

第2章

企業の取り組みは進んでいるのか

1　技術では先行、普及で負ける

リチウムイオン電池も日本発

再生可能エネルギーや電気自動車（EV）の普及で欧州や中国に大きく後れを取る日本ですが、現在流通している脱炭素技術の発明や実用化は日本発だったものも少なくありません。

例えば現在、脱炭素で最も重要な技術にリチウムイオン蓄電池があります。EVも車載用のリチウムイオン蓄電池を使っています。また再生可能エネルギーをためる定置用蓄電池もあります。エネルギー密度が高いので様々な用途に使えます。

吉野彰旭化成名誉フェローはリチウムイオン電池の開発に貢献したことが評価されて2019年にノーベル化学賞を受賞しました。リチウムイオン電池の量産化は1991年にソニーが世界に先駆けて成功しています。2009年の三菱自動車、2010年の日産自動車と、世界初の量産EVを販売したのも日本企業です。

しかし世界で脱炭素が主流になり、市場が拡大しても、日本の国内市場に向けた政策が脱炭素に消極的だったために国内需要も喚起されず、中国や韓国のメーカーが台頭し、どんどんシェアを奪われていきました。

経済産業省の資料では2015年に車載用リチウムイオン電池で約5割の世界シェアを日本企業が占めていましたが、2020年は2割にまで落ちました。再生エネなどの電池をためる定置用蓄電池のシェアも同年の比較で約30%から5%にまで落ちています。この傾向は続いています。

経産省は2030年には定置用、車載用合わせて約40兆円にまで伸びると試算を示しています。2019年は約5兆円でしたので単純に8倍です。一方で、日本の競争力は落ちているのが実態です。

中国はリチウムイオン蓄電池を使うEVの市場が急拡大してきました。需要と供給の相乗効果で電池の効率化など技術革新もさらに進んでいます。後述しますが、日本はEVの国内販売比率は2%程度であるうえ、いまだにリチウムイオン電池に対して「燃えやすい」など否定的な意見も少なくありません。

韓国は2030年に蓄電池の分野で世界トップを目指す「Kーバッテリー発展戦略」を国

家戦略として掲げ、研究開発投資に税額控除するなどしています。中国は2016年から2020年の間にEVなどにおよそ5600億円の補助金を拠出しました。

パナソニックなどは長くEVメーカーの雄であるテスラに車載電池を卸していましたが、収益が上がらず、中国や韓国のように新規工場建設などの投資が長くできませんでした。国の支援が手薄だったからです。日産自動車の電池部門も中国資本が買収しました。

日本はこれまで全固体電池と呼ばれる蓄電池の本格普及まではEVの大幅拡大はないとみていました。全固体電池は電気をためたり放出したりするのに必要な「電解質」が液体ではなく固体になります。液漏れや発火など安全上のリスクが少ないとされています。リチウムイオン電池よりも高い出力があるとも言われています。

ただ全固体電池を搭載したEVの普及はまだ先です。自動車各社が2027年前後に実用化すると公表していますが、技術が可能になってもコストや量産体制を含めて消費者の有力な選択肢となるかは不透明です。商用化を待つ間に現在のリチウムイオン蓄電池が完全に市場で主流になっている可能性が高いです。リチウムイオン電池の性能も上がっています。全固体でゲームチェンジを狙っている間に、ゲームセットになってしまっては本末転倒になってしまいます。

経産省は「全固体電池についても、技術開発は進展しているものの、今後解決すべき課題も残存しており液系ＬＩＢ（リチウムイオン電池）市場は当面続く見込み」と認めています。

ノーベル賞受賞の吉野フェロー自身も蓄電池に関する自民党の国会議員の会合で「中国や欧州はＥＶの販売台数が着実に伸びており、米国も政権交代を受けて今後伸びていくだろう。一方の日本はガラパゴス状態のままだ」と懸念を示しています。日本はいまだにハイブリッド中心で国内のリチウムイオン電池の最大の卸先であるＥＶ需要は十分ではないという認識を示したものです。

シェアを奪われた再生エネ

再生エネ分野では水力を除いて主力となるのは太陽光と風力です。日本はこれらの技術でも世界で有数の世界シェアを持っていました。

日本が再生エネに着目したのは第1次オイルショック直後の１９７４年です。通商産業省（現経済産業省）は太陽光や風力など現在では当たり前になっている再生エネ技術の開発、商用化に向け企業の後押しを進めるため、サンシャイン計画を立ち上げました。予算総額は約５０００億円に上りました。

「公害を発生させることなく、地球上で枯渇しないクリーンなエネルギーを活用する技術を開発することを重要施策に位置づけた」ということで50年も前に今の脱炭素を先取りした事業に取り組んでいたことが分かります。

屋根置き太陽光など様々な技術開発に成功しました。その結果、日本は太陽光パネルの生産で2000年代前半はトップだったほか、太陽電池メーカー世界トップ5のうち4社を日本企業が占めた時期もありました。

サンシャイン計画への巨額投資とは裏腹に国内では再生エネが主力の地位を占めることはありませんでした。発電として効率も良く、公共事業としての性格もある原子力発電所や大型火力発電という重厚長大な発電手法に重きを置き続け、太陽光や風力の重要性は忘れられていきました。

私が資源エネルギー庁を担当していた2012年ごろですら霞ケ関・永田町界隈からは「再生エネは原子力と競合する」という発言がよく聞かれました。

2009年に当時の鳩山由紀夫政権が温暖化ガスを2020年までに1990年度比25％削減するという、国際公約を掲げた際は、主役は再生エネではなく原発になりました。鳩山政権は「原子力の新増設」を強く推し進め、「原発5割、再生エネ2割」と打ち出したのです。

さらに2011年の東京電力福島第1原発事故で国内の原発の稼働が止まりましたが、その時に頼ったのは、再生エネよりも石炭火力発電所の増設でした。

2～3割をまかなっていた原発がほぼ全部止まったわけですから、当時は安価で調達しやすかった石炭に流れる理由も理解できなくもありません。しかし、全国の石炭火力発電所の新増設計画は一時、1850万キロワット、大型原発18基分に相当するほどまでに増えてしまいました。脱炭素に明らかに逆行する動きになりました。英国などの要望の通り、2030年に建設したばかりの石炭火力を廃止してしまうと、企業にとっては投資を回収できず、大きな損失になります。こうした事情により、第1章で述べたように石炭で日本が身動きが取れない状況になりました。

2014年に定められたエネルギー基本計画では「原発依存度の低減」を明記し、原発縮小に転換しました。原発比率は2割でしたが、再生エネも2割のままでした。「クリーンコール（きれいな石炭）」と打ち出して石炭火力を基幹電源として位置づけていました。

国が再生エネを主力電源と位置づけるのは2018年です。サンシャイン計画から45年もの時間を要しました。しかし2018年のエネルギーミックスでも「再生エネ22～24%」のままでした。

ようやく再生エネを「36～38%」と大幅に上げたのは、2021年の菅義偉政権時代です。2020年には2040年までに洋上風力発電所を最大4500万キロワット分の新設にメドをつける計画を公表したものの、2030年に2013年度比で46%削減するという目標には間に合わなくなりました。

第1章で述べた通り、コロナ禍やウクライナ危機でも再生エネは着実に増え続けています。アラブ首長国連邦（UAE）のドバイに本部がある国際再生可能エネルギー機関（IRENA）のフランチェスコ・ラ・カメラ事務局長に著者らは2022年11月にインタビューしました。再生エネの利点をこう述べていました。

「再生エネはクリーンであるほか、国内総生産（GDP）の増加に寄与し、雇用効果も大きい。エネルギー危機のようなショックに対するレジリエンス（柔軟性や強じん性）を備え自給率を高める」

「米国の（気候変動対策に再生エネ拡大などを盛り込んだ）インフレ抑制法もそうした動きをとらえたものだ。欧州もそのように動いている。インドもそうだ。エネルギー安全保障のため再生エネがさらに増えることになる」

日本では再生エネは不安定で需給逼迫を起こすとの意見が根強いと尋ねましたが、「ロビイストの言説だ。さらに再生エネが拡大すれば電力逼迫は起こらないはずだ。古い（電力）システムがそのままになっているから問題が起こる。新型コロナウイルス感染拡大時にも、世界の大部分で電力の多くが再生エネによってまかなわれた。化石燃料など他の形態よりも供給が安定していて、高いレジリエンスを発揮した」と答えています。もちろん、再生エネ推進機関の事務局長なので再生エネには肯定的であることは当然です。ただ再生エネが着実にコロナ禍以降増えているという発言は、これまで引用した各種の統計でも明らかになっています。

ウクライナ危機でロシア産を含めて化石燃料の輸入が混乱し、サプライチェーンを現地化し、再生エネのように国内で雇用を創出することへの世界の関心が高まりました。国際労働機関（ＩＬＯ）は再生エネの産業化に向けた推進力を支えるには、まずは国内市場の需要が鍵となることを説明しています。さらに培った技術を輸出につなげることの重要性も雇用や経済成長の面で指摘しています。ＩＬＯなどの統計によると、再生エネにおける世界の雇用は、2021年に1270万人に達し、1年間で70万人の新規雇用が増加しました。

日本経済新聞は2022年に日本が将来、再生エネで発電量の7割をまかなえるように、その導入を拡大するのが望ましいとの提言をまとめました。英国やドイツでは既に再生エネ比率が4〜5割に達しています。

国際エネルギー機関（IEA）は2050年に温暖化ガスの排出実質ゼロを実現するシナリオで、世界の電力の9割近くを再生エネでまかなう必要があるとみています。COP27の合意文書でも地球の気温上昇を1・5度以内に抑える目標を達成するため、再生エネの普及に国や金融機関が年4兆ドルを投資する必要性も盛り込んでいます。つまりエネルギーの主流は間違いなく再生エネとなっているのです。

日本でも興味深い企業も出てきました。蓄電池などを手掛けるスタートアップのパワーエックス社は六本木のミッドタウン前にEVへの急速充電を体験できる展示場を構えます。

著者が訪れると、伊藤正裕社長が大型のアウディのEVへの急速充電を実演してくれました。同社は2024年までに国内最大級の蓄電池工場を建設し、最大年間500万キロワット時の蓄電池を製造します。

面白いのは再生エネ由来の電力を輸送する電気運搬船の事業です。2025年に完成する

ということです。将来的には洋上風車から陸へ電気を運ぶ事業を目指しています。日本郵船のほか、三井物産や伊藤忠商事など大手商社からも出資を受けています。

送電網がネックに

再生エネの普及が進まなかった要因の一つに送電網の課題もあります。日本は静岡、新潟両県にある河川を境に東は50ヘルツ、西は60ヘルツで周波数が分かれています。周波数を転換できる量には限りがあります。日本では大手電力会社が地域ブロックごとに事業をほぼ独占する体制が取られ、その地域内で安定供給をすることが目指されていました。

東日本大震災の際に首都圏などで電力が不足し、東西で異なる周波数の仕組みの脆弱性が露呈しました。増強を進めてきましたが、それでも東西で電気を融通する送電線の容量はまだ210万キロワットどまりです。

充電や蓄電池を強みとする
新興パワーエックス社

再生エネの適地は北海道や九州、東北にありますが、消費地に送るには送電網の容量が足りません。経産省などの試算では何も対応をしない場合という前置きですが、2030年ごろには再生エネによる発電のうち最大で北海道は49・3％、東北は41・6％、九州は34％が捨てられてしまう恐れがあります。

現在でも九州などでは太陽光発電の出力を抑えるといった事態が続いています。再生エネの発電に適した北海道や九州の電気を、東京や関西圏などに自由に送る体制を作れることも欠かせません。経産省も「地域偏在がある再エネの導入拡大等に向けては系統の増強、とりわけ地域と地域を結ぶ『地域間連系線』の増強がカギ」と述べています。

国の電力広域的運営推進機関は2023年3月に2050年までに原子力発電所12基の容量にあたる約1200万キロワット超の広域送電網を整備する方針を打ち出しました。

新たに日本海ルートで北海道と本州を結ぶ200万キロワットの海底送電線を敷設し、2030年度の利用開始を目指しています。2027年度までに東日本と西日本を結ぶ東西連系線は90万キロワット増の300万キロワットにし、その後、さらに570万キロワットに増強します。北海道—東北間は30万キロワット増の120万キロワットに、東北—東京エリア間は455万キロワット増の1028万キロワットに拡大します。「費用はかかるが、

図表 2-1　日本と欧州の送配電網の違い

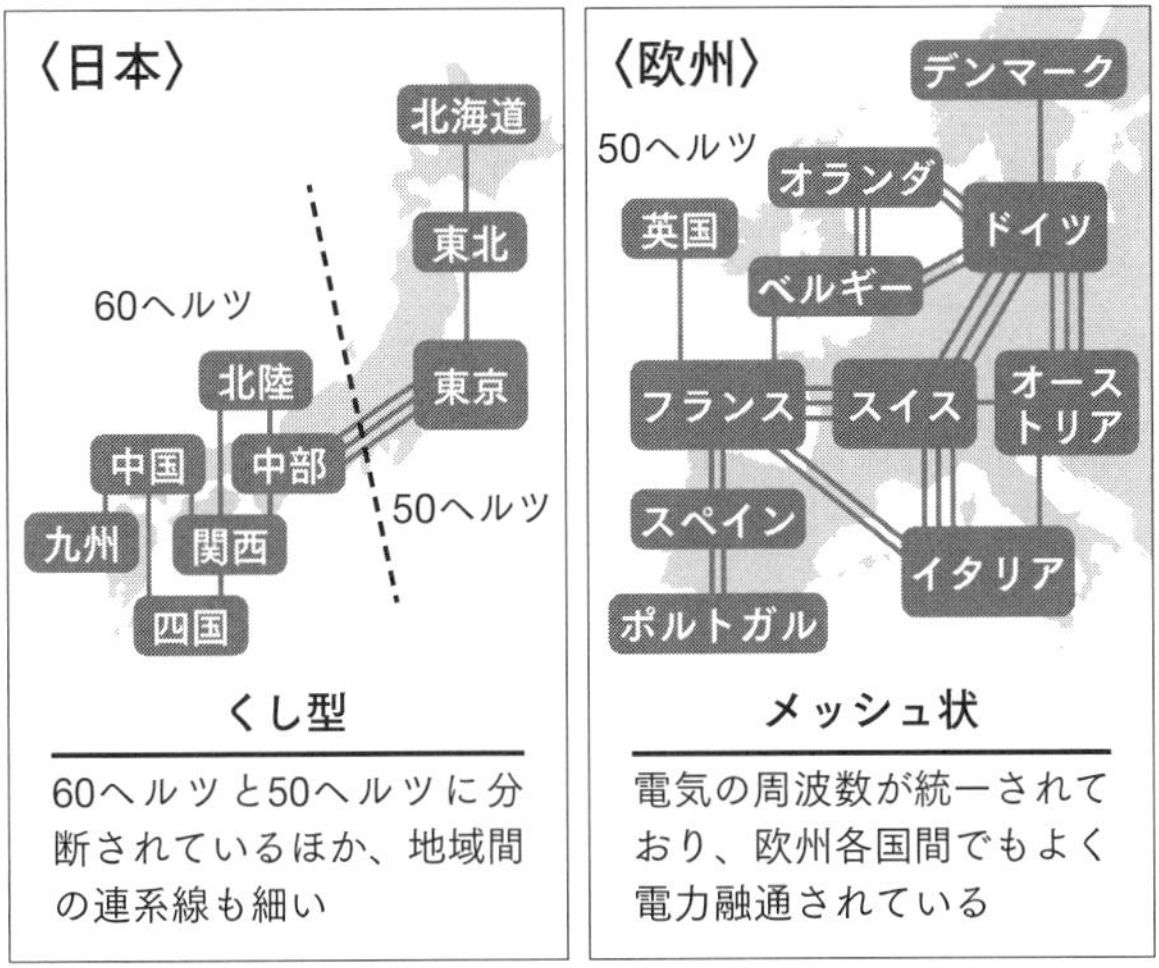

［出所］ドイツ国際安全保障研究所、経産省資料などを基に作成

再生エネ、特に洋上風力の拡大に必要な施策だ」と経産省の幹部は著者に胸を張りました。確かに評価に値する政策です。

この幹部が話す洋上風力発電の大幅拡大については後述します。2050年までの全国の整備費用は総計で6兆〜7兆円に上ると見込んでいます。費用の確保も課題になります。

再生エネ普及で先行する欧州は国を越えた送電網が充実しています。1920年代から国境を越えた送電網の整備が進みました。また発電業者と送配電業者が明確に分かれている場合が多く、送配電業者は広く送電できた方が収益になるので、投資が進みやすい面がありま す。

欧州では海底送電線はグリーン投資の運用先となります。日本の大手銀行や保険会社も投融資しています。日本では電気代で回収するなどの手法を採用していますが、日本でもこうしたグリーン投資を集めるスキームが必要になるでしょう。

ちなみに西欧の送電網はウクライナにまでつながっていて、ウクライナは自国の原発の電気を欧州連合(EU)側に接続するなどしました。ロシアは原発の占領後に再度旧ソ連の送電網につなげたりしました。逆に言えばそれだけ自由に電気の融通ができるというエピソードでもあります。

再生エネは分散型電源にも

再生エネは分散型電源としても利用できます。2018年の北海道胆振東部地震では古くなった火力発電所が要因でブラックアウト(大規模停電)が発生しました。

北海道全域が停電した2018年9月6日に経産省がツイッターにこう投稿しました。

「停電時でも太陽光パネルの自立運転機能で電気を使うことができます」

自宅の屋根などに設けた太陽光発電の電気を自宅で使おうと呼びかけたのです。当時は自宅のパネルで作った電気は地元の電力会社が買い取ってくれていました。火力発電所の復旧の見通しがしばらく立たないことから、経産省は自立運転に切り替えて自宅の電気を回復させるように助言したのです。

当時、北海道の太陽光や風力の発電施設は合計で100万キロワット超の発電容量がありました。ブラックアウトの直後は送電再開が認められず電力不足解消には役立ちませんでした。周波数の安定のために需給を一致させなければならない供給網の中では調整役となる大きな火力抜きでは、気候に左右される大量の再生エネの電力を入れることは難しかったのです。

一方でいち早く給電できたのは蓄電池と再生エネを組み合わせたエリアでした。北海道電力は住友電工と共同で2013年から「レドックスフロー」という大型蓄電池を、震源に近い安平町の変電所に設置して実験を進めていました。地震後の7日深夜に急きょ、蓄電池を起動させて風力発電の約10万キロワットを周囲の住宅などに供給しました。

分散型電源がもっと広がれば、原発や火力発電所のような大型電源が災害時に止まっても、停電によるダメージを小さくできます。再生エネの拡大だけではなく、地震や津波によって大規模電源を突然失う事態に備えるには、電気を地産地消型にする取り組みも重要になります。

分散型電源の1つにバーチャルパワープラント（VPP、仮想発電所）という技術があります。再生エネや蓄電池などと、工場やオフィスをネット回線でつないで需給を調整する取り組みです。工場や商業施設などの法人や大型の蓄電所を主な顧客に想定して、IoTを活用し、顧客の空調設備などをネットワーク化して制御します。火力発電や再生エネの出力が一時的に落ちても系統につないだ蓄電池やEVがすばやく穴埋めをします。逆に工場やオフィスの電力需要が落ちた場合は、蓄電池などに電気をためるのです。

この取り組みで先行していた関西電力はVPP事業などを手掛ける新会社を2023年4月に設立しました。AIも活用し、天候や電力の使用量から将来の発電量や市場価格を予測するシステムを採用するといいます。4月からサービスを始め、2030年度までに300億円の売上高を目指すとのことです。こうした取り組みが進めばさらに再生エネの有効活用も進むでしょう。

適地は本当にもうないのか

再生エネについて語る際に、日本には「適地がもうほとんどない。少ない」などと経産省の資料などでは明記されることがあります。岸田首相も国会の答弁で「日本は再生可能エネルギーの適地が限られる」と強調しています。

しかし本当にそうなのでしょうか。日本経済新聞が2022年9月に出したエネルギーと脱炭素に関する提言では「導入拡大へあらゆる適地を掘り起こす」と触れています。再生エネの適地は山の斜面や自然公園だけにあるわけではありません。

科学技術振興機構低炭素社会戦略センターによれば、住宅屋根は全国で9900平方キロメートル分の利用可能面積があります。ほかにも有望なものに工業団地や倉庫、商業施設があり、太陽光パネルの設置可能面積は7600平方キロメートルあるといいます。

全国に28万ヘクタール存在する荒廃農地もあります。荒廃農地の中でも、農地として再生利用が困難とされる19万ヘクタールの土地について農地の認定を解除したうえで太陽光発電の設置場所にも使えるようにすれば耕作放棄地が再生エネの適地となります。

日本経済新聞の提言では2050年までの新築住宅の太陽光パネルの設置義務化で8000万〜1億3000万キロワットの出力を確保できるとしています。また、工業団地でも4500万〜5000万キロワットの発電能力のポテンシャルがあるということです。

耕作放棄地だけではなく、農作物栽培を続けながら農地の上部の空間で発電する手法もあります。農地利用の拡大へ転用許可などの規制緩和を徹底し、農地活用で1億8000万〜2億キロワットの能力を確保できる推定があります。

農地の転用には農林水産、環境、国土交通省の連携が必要です。市町村が耕作放棄地等の適地を洗い出し、役所の垣根を越えて国が支援体制の整備と予算措置を講じる必要があります。

実際に経産省も動き出しており、企業が工場や倉庫の屋根に置いた太陽光パネルによる電気を高く買い取る制度を2024年度から始めます。固定価格買い取り制度で平地の太陽光より2〜3割ほど高くする見通しです。

こう見ると、決して日本が再生エネに適さない国とは言えないのではないでしょうか。

日本では原発事故後、石炭への依存が進んだことが今の国産メーカーの再生エネ産業の衰退につながりました。今後は確固たる政策で再生エネの拡大に向けて国が前面に立って取り組む必要があります。

2　EV化の遅れに打開策はあるのか

スコットランドの街中を走る電気バス

英国北部スコットランドのグラスゴーで2021年11月、COP26が開かれました。世界はコロナ禍の最中でしたが、著者も取材のために出張しました。グラスゴー市内のホテルに着いて、COPの会場に行こうと街の中心部に出ると、少し驚く光景を目にしました。街中を走っているバスがすべて電気バスだったのです。

スコットランド・グラスゴーを走るEVバス

日本で慣れたディーゼル車のバスとは明らかに違う乗り心地でした。電車のように静かで揺れません。ディーゼル車のバスは信号待ちなどのアイドリング中に小刻みにエンジンが動き、客席にまで振動が伝わります。そういうこともなく静粛性に優れていました。そもそもバスのような大型の自動車は電気で動かすのは難しいと聞いていたため、驚いたのを覚えています。

調べると、COP26に合わせて中国EV大手の比亜迪（BYD）がグラスゴー市の交通局に計120台以上のバスを卸したといいます。

高速充電も技術改良で可能になりました。BYDは世界で5万台以上のバスを普及させるなどシェアを拡大しています。

翻って日本ではほとんど電気バスを見かけることはありません。たまに走る電気バスもほとんどが中国製です。日本には電気のバスを量産化する技術がありません。自治体を中心に路線バスを電気化する動きはありますが、国産の選択肢すらないのです。

例えば、COP26直後の2021年12月、京都市と京阪バスは市内の循環バスに4台のEVバスを導入するイベントを開きました。導入したのはBYD製でした。

IEAによると、2022年に販売されたEVバスは約6万台でした。IEAはEVバスが2030年には300万～500万台になると予想しています。製造・供給で優位に立つのはBYDなど中国メーカーなのです。

国や日本の自動車メーカーは水素を燃料とするバスの開発に注力してきたことが裏目に出

ています。水素重視は普通乗用車でも同じでした。水素は燃料充塡の時間が短く、荷物や人を乗せて重くなっても航続距離が長いとされ、バスなどの大型車には「ＥＶよりも水素が向いている」という説明でした。

しかし現状は世界では水素バスではなく、電気バスが席巻しています。水素は調達コストが高いほか、燃料を供給するインフラ整備にも時間がかかります。ＥＶの充電器整備の方が低コストで時間もかかりません。

本丸の普通車でも後塵

そのＣＯＰ26では初めてかつ、非常に重要な取り決めがありました。ガソリン車など内燃機関を用いる自動車の新車販売を主要市場で２０３５年、世界で２０４０年までに停止する、脱ガソリン車の有志連合が発足したのです。発表によりばらつきがありますが、24カ国38自治体、11の企業が参加しました。

ＣＯＰ26の議長国、英国のほか、カナダ、オーストリア、イスラエル、オランダ、スウェーデンなども加わりました。企業では米ゼネラル・モーターズ（ＧＭ）やフォード・モーター、独メルセデス・ベンツ、中国のＢＹＤなどです。宣言には米カリフォルニア州やニューヨーク州など、38の地方政府や都市も加わっています。

COP27では有志連合に新たにフランスとスペインが加わりました。フランスは日産と連合を組むルノーの本社所在地でもあります。COP27では有志連合のメンバーは企業や自治体も加えると約200にまで膨れ上がり、EVが世界の潮流であることはほとんど確定したと言っていいでしょう。カリフォルニア州環境保護庁のガルシア長官はCOP27で「排ガスは環境を破壊する。なるべく早くゼロエミッション車を使う社会に移行しなければならない」と強調していました。

時期を明示しない国には既に日本車の重要市場となったインドなども名を連ねています。ちなみに日本勢はいまだに参加はゼロです。

日本でEV販売はわずか2%

あらゆるメディアやシンクタンクなどの報告書でもたびたび明らかにされていますが、日本のEVの遅れは明白です。調査会社ブルームバーグNEFのデータによりますと、世界では2022年上半期の全販売台数のうちEVなどが13%を占めました。2022年の世界のEVの年間販売台数は前年比60%以上増の約1060万台に達する見通しといいます。

2022年上半期に販売された自動車のうち、EVは中国で23%、欧州で22%、北米で7%でした。

日本はわずか2%です。販売台数ベースで世界トップのEVメーカーは米テスラで中国のBYD、ドイツのフォルクスワーゲンなどがそれに続きます。

日産自動車と積水ハウスのネットCMを見ると集合住宅の住民の76%が直近3年間でEVの購入を検討したと流れていましたが、実際に消費者としてEVを買おうにも日本の自動車メーカーでは選択肢は非常に少ないという声はよく聞きます。ベンツやBMW、アウディは既に日本国内市場でも豊富なEVラインナップがあるのとは対照的です。

また各国がEV化を急ぐ背景には1・5度目標との整合性もあります。IPCCは電力部門の脱炭素に加えて交通部門の脱炭素化の重要性を指摘しています。IEAによると、乗用車、トラック、飛行機などからの温暖化ガスの排出量が世界全体の2~3割を占めています。IEAは2050年に世界の排出を実質ゼロにするため2030年までに必要な道筋を示し、2030年の乗用車販売の6割をEVなどにすることを求めています。

IPCCは、将来のイノベーションに頼るのではなく、まず現状できうる対策の総動員を促しています。EVは、陸上輸送の中で二酸化炭素の排出削減に最も貢献し得るとしています。

IEAは2021年時点では、2030年の世界の自動車販売台数に占めるEVの割合が15％にとどまると考えていました。2022年に予測を大幅に引き上げ、2023年中にこの水準を突破し、2023年には約18％、2030年には35％に達するとしています。さらに中国、米国、EUの主要市場では2030年までにEV市場は60％に達し、少なくとも現在の総需要の5％に相当する日量500万バレルの石油消費を回避することができると指摘しています。

ベンツの意気込み

著者はCOP26の会場で高級車として日本の富裕層に第1位の人気を誇るメルセデス・ベンツのオラ・ケレニウス社長（当時）に取材する機会がありました。ケレニウス氏は何よりも1・5度目標の達成のためEVの重要性を強調していました。インタビュー記事を引用したいと思います。

「パリ協定の目標達成は引き返すことのできないゴールだ。温暖化ガスを減らし、気候変動の影響を抑制することは人類の課題だ。ベンツも2025年以降、すべての新車設計をEV

にする。ＥＶの普及加速と関連インフラの整備はパリ協定の目標達成に不可欠と考えている」

「ＣＯＰ26は気候変動問題について『なぜ』ではなく、『どうやって』という議論になっている。ベンツは自動車を発明したブランドでもある。積極的に『できる』という姿勢で気候変動問題を先導したい」

「自動車産業で起こっている変化はエンジンだけではない。自動運転やコネクテッドカー（つながる車）など自動車のデジタル化が起きている。我々は世界で３０００人のソフトウエア技術者を探している。エンジンで縮小する雇用もあるが、この分野では急激に規模を拡大している。産業転換を好機と捉えている」

「自動車を発明したのはベンツブランド」という話まで持ち出して、気候変動問題は「なぜ」ではなく「できる」と言い切った姿勢が印象的でした。

現在の予測では、メルセデス・ベンツ（２０２９年に56％）とテスラ（２０２９年に１００％）などが、先ほど紹介したＩＥＡの１・５度目標の達成に向けたＥＶなどの生産目標を達成するという報告書もあります。

日本の自動車メーカーの多くは、ＩＥＡやＩＰＣＣの１・５度目標の基準を満たしていません。２０３０年時点のＥＶ販売比率が欧米に比べて大きく見劣りするからです。

さらに自動車分野に限ったことではありませんが、企業の特許の数で技術の先進性を分析する記事も散見しますが、そもそも米欧の企業は論文や特許も出さずに研究開発を進めている場合が多いです。よくある特許ランキングは一つの指標にはなりますが、それだけで業界をリードしているという意味にはなりません。

普及のカギは国の政策

ＥＶの普及を後押ししているのは各国の規制そして補助です。欧州連合（ＥＵ）は企業間平均燃費（ＣＡＦＥ規制）を導入しており、欧州市場で営業したいメーカーは販売する新車の平均燃費を下げる必要があります。２０３０年の規制の目標は極めて高く、ＥＶを増やさないと達成不能です。さらに２０３５年にガソリン車の販売を事実上禁止にするなどＥＶ移行を強力に促しています。合成燃料に限り内燃機関は許容していますが、ポルシェなど一部の超高級車向けにとどまる見通しです。

フォルクスワーゲンはディーゼルエンジンで排気ガスの不正があり、ＥＶ化への転換を後押ししました。欧州にはほかにも2030年に温暖化ガス55%減を実現するための政策「Fit for 55」もあります。

米国ではカリフォルニア州やニューヨーク州で2035年までにガソリン車の販売を禁止にするなどEVを強力に促しています。二酸化炭素の排出削減をメーカーに求める新たな規制を発表しました。米国の脱炭素政策であるインフレ抑制法といった政策がさらにEVの普及を後押ししています。支援の対象は北米で組み立てられた車のみとなるため、世界の自動車メーカーがこぞって工場新設や増設など米国投資に動いています。

中国はハイブリッド車（HV）を禁止してはいませんが、一定の販売台数を上回る自動車メーカーに対してEVなどのゼロエミッション車（ZEV）の生産を義務付けています。そのためメーカーも世界最大の自動車市場を抱える中国で事業を続けるにはEV生産が必須になっています。

中国に駐在する弁護士事務所によると、中国はEVなどZEVに優先的にナンバープレートを発給しているようです。ガソリン車だと100万円以上のコストがかかったり、発給まで数年かかるケースもあるという話もあります。

日本政府は乗用車の新車を2035年までに全て電動車にする目標を設定していますが、EVなどだけでなく、ガソリンを使うHVも含める方針です。HVで稼げるのなら、全面的にEVを拡大するインセンティブは薄れます。

またEV転換の遅れによって日本車メーカーが今後予定する車載電池は国産ではなく、中国・韓国製がかなり増えています。

2022年5月に台湾有事をはじめとする中国リスクを念頭にサプライチェーンを維持するための経済安全保障推進法が成立しました。法律に基づき「特定重要物資」に関し「半導体や蓄電池など11分野を指定する」と2022年12月に閣議決定しています。有事に海外から供給が途絶えても安定して物資を確保できる体制にすると国は掲げています。

2023年4月にホンダは蓄電池の生産などについて、経済産業省から助成金を受けると発表しています。ホンダはGSユアサと組み、4341億円を投じてEVに搭載するリチウムイオン電池を開発し、国内で工場を整備します。経産省からの助成額は最大で1587億円になります。

ホンダの三部敏宏社長は「今後EVを中心に拡大が見込まれる日本の電池需要に幅広く応えていきたい」と述べ、GSユアサの村尾修社長は「国内の製造基盤を強化し、社会のカーボンニュートラルに尽力する」とコメントしたということです。

しかしこの法律は米国や欧州のように脱炭素を第1の目的に置いたものではありません。米国などは国内産の車載電池のみに税金控除を始めており、日本の車載電池を輸出して組み立てても税控除の対象にはなりません。EV導入の明白な目標を立てて内需が拡大できるような施策や規制を打たなければ、せっかくの投資も十分に効果を果たせなくなります。

リチウムイオン電池以外にも活用の動きがあります。中国CATLの2023年4月の発表によると、同社のナトリウムイオン電池が、中国製のEVに採用されたとツイッター（現X）で公表しています。ナトリウムイオン電池が量産車に搭載されるという発表は世界で初めてでした。普及拡大が進めば、リチウムイオン電池を補完する存在になり、さらにEVの拡大を支える要因にもなりそうです。

志賀俊之・元日産COOはダイヤモンド社のインタビューで「EVシフトが遅れれば、産業構造転換が遅れ、ひいては日本が世界から取り残されることになる」「EVになると部品点数が減るといわれますが、そうでもない。自動運転やCASE対応で車は複雑になり、モジュール化の中でもこれに対応する新たな部品が出てくることにもなります」と話しています。

さきほどのベンツ社長もインタビューで明らかにしていたように、EVは単なる乗り物ではなく、自動運転などのソフトウエア分野でも熾烈な競争となっているのです。将来のイノベーション頼みにせずに今ある技術を総動員してEV化、ソフトウエア化を進める覚悟がメーカーにも国にも求められます。

3　洋上風力でオールジャパンは実現するか

原発45基分の風力発電

再生エネの中で海洋に設置する洋上風力発電が活況を呈しています。国は2020年に2030年までに1000万キロワット、2040年までに3000万～4500万キロワットの導入にメドをつける方針を明らかにしました。当面、年100万キロワットを目安に事業者を公募で選びます。4500万キロワットと言えば、通常の原子力発電所45基分ですから、比較すると規模の巨大さが分かります。

欧州は洋上風力を再生エネの主軸としており、2021年末までに原発二十数基分にあたる約2780万キロワットを導入済みです。中国も約2630万キロワットに達していますが、日本は数十万キロワット程度です。

洋上風力発電は、太陽光に比べて長く発電できます。海上の方が風が強く大きな風力を得られ、陸上よりも大きな発電ができます。

また世界風力会議の発表では各国政府の陸上・洋上風力発電導入に向けた政策により、2027年までに世界全体で新たに6億8000万キロワットの風力発電が導入される見込みと示しています。サプライチェーンの強化次第ともいいますが、いかに巨大な産業に膨らむかが分かると思います。

三菱重工業は1980年代に風力発電設備に参入して陸上風力を開発、納入してきました。約440万キロワットにあたる4200基以上の実績があったといいます。しかし洋上風力が欧州で広まると、日本の陸上風車は1基1000〜2000キロワットの小型風車だったため、どんどん大型化する技術競争に勝てなくなりました。洋上は地形の制約もなくなるために巨大化し、欧州や米国のメーカーは1基1万キロワット級の風車を作り始めていました。

そのため三菱重工は多くの洋上風力の実績があるデンマークの最大手ヴェスタスと組み、

ＭＨＩヴェスタスを設立しました。ヴェスタス側は大型化に必要な風力の基幹技術については三菱重工側に共有することはなかったといいます。肝心の基幹技術を得られなかった三菱重工側は結局、ヴェスタスの輸入販売に特化する販売店を２０２１年２月に設立し、日本市場向けのヴェスタス製品の総代理店となりました。

福島県沖では国の支援の元で三菱重工、日立製作所、三井造船（当時）といった日本の主要メーカーが大型風力の商用化を目指して実証実験に取り組みましたが、結局十分な発電効率を得られず、撤退しました。商用化が可能な性能水準に達することができなかったといいます。日立も２０１９年に風力発電事業から撤退してしまいました。

一方で日本には風車のメーカーがあったわけですから、もし確実な内需があれば日本のメーカーも競争力がついて違った展開になった可能性もあります。

実際に政府の幹部は「メーカーの撤退は再生エネ海域利用法が施行する直前に起こった。メーカーには（洋上に風力発電を設置できるようにする）法律を準備しているという話もしていたが、撤退してしまった。法律を作るにあたって関係者との調整に時間がかかった。その間に撤退してしまった」と振り返っています。

英国は２０１０年から洋上風力を拡大していました。２０３０年時点での洋上風力の導入量の目標は4000万キロワットです。日本は2040年までに最大4500万キロワットなので10年のズレがありました。日本も英国並みに導入が早ければ、国内メーカーの選択も変わっていたかもしれません。

ようやく動き出した洋上風力

出遅れている日本ですが、2022年冬に秋田県沖で計33基、14万キロワット規模の洋上風力が稼働を始めました。同じ秋田県沖では三菱商事などの企業連合が2030年までに約80万キロワットの洋上風力発電所を稼働させる予定もあります。北九州市沖の響灘では九州電力グループなどの事業体が2025年度にも洋上風力発電所を稼働させます。三菱商事は秋田支店、銚子支店など地域に密着するために支店を創設して自治体や地元業者とのコミュニケーションに努めています。三菱商事のように国内外で信用のある企業が事業を進めることは大事なことです。

これらは着床式と呼ばれる通常の洋上風力ですが、国は同時に風車を海に浮かべる手法の導入も進めています。浮体式洋上風力と呼ばれます。基礎となる部分が浮いているので、水深が50メートルを超すような海域にも設置ができます。

既に長崎県五島市沖では2016年から浮体式の風車1基が九州の送電網に接続され、国内初の商用運転を続けています。今後は2023年までに計8基、出力1・6万キロワットが増強され2024年1月に複数の風車で構成される発電所として稼働を始めます。

日本周辺は欧州などと異なり、世界で主流の着床式に向いた浅い海が少ないと国は説明しますが、電力や建設業界関係者の話によると、日本でも着床式の適地は少なくないとの意見もあります。ただ業者にとって難しいのは漁業権など地元との調整といいます。風況の良い地域は格好の漁場となっている場所が多いと言われています。

陸上風力はさらに利害調整が難しくなり、適地は自然公園内などが多いために景観を壊すなどとして反対運動が多く起こってしまいます。国が説明などを事業者任せにしていることもあり、そのため新規の大型案件はほとんど進まなくなってしまいました。

そこで排他的経済水域（EEZ）への浮体式設置に期待がかかることになり、国はEEZに洋上風力発電所を設置できるように検討を始めました。

これまで沿岸から約22キロメートルの領海内に限っていたのを、200カイリ（約370キロメートル）に拡大します。海洋を所管する内閣府の有識者会議は2023年1月末、EEZへの設置は「国際法上可能」との報告書をまとめました。

図表 2-2　日本で進む洋上風力の主な選定、候補地（2023 年 3 月時点）

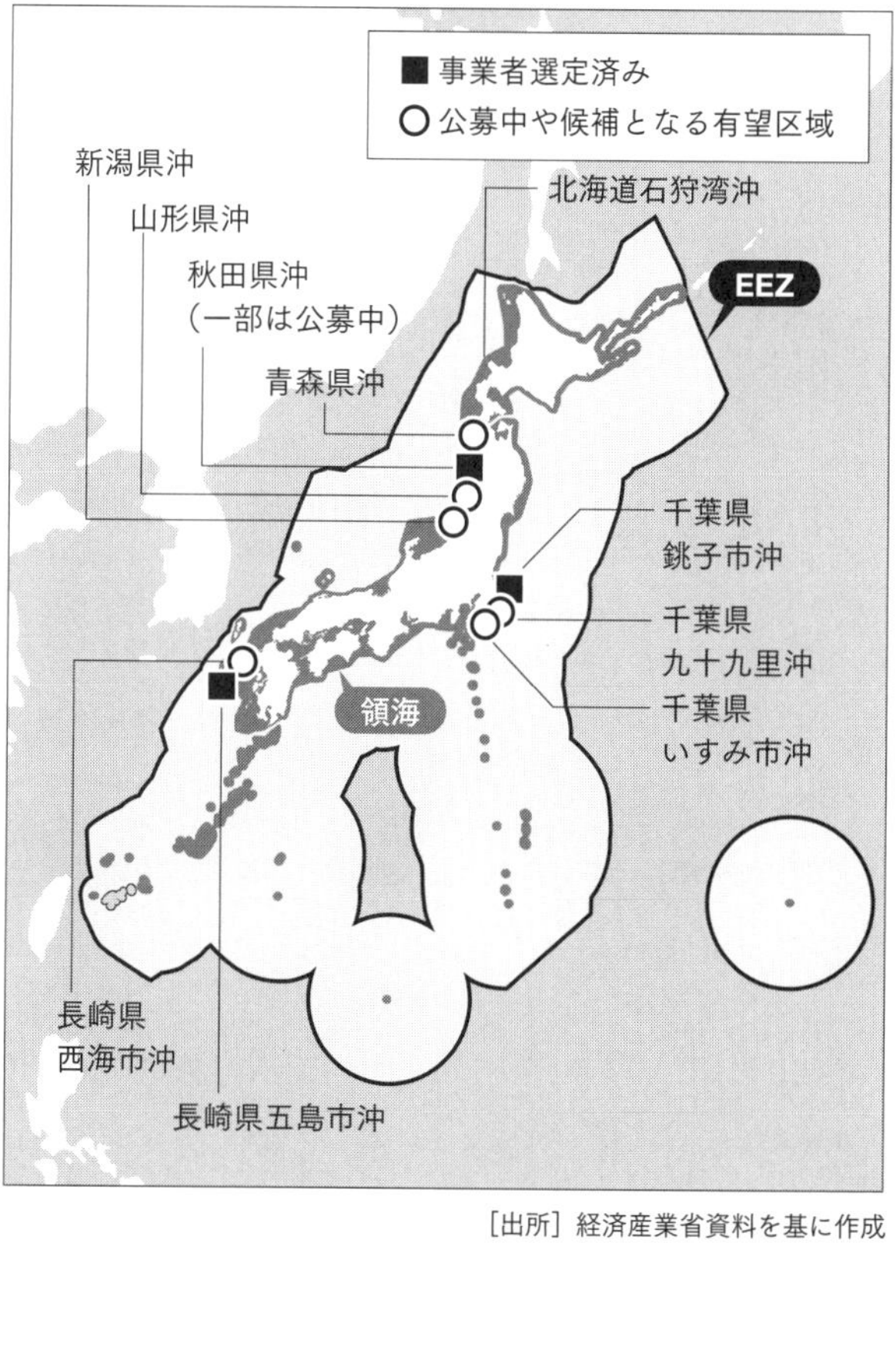

［出所］経済産業省資料を基に作成

EEZへの拡大には法整備が必要になります。2019年施行の再生エネ海域利用法は洋上風力の設置場所を領海内と定めているためです。海底が国有財産となる領海内と違って、根拠法がありません。ただ世界ではEEZの利用で先例があります。

オランダ、英国、ベルギーは着床式ですがEEZ内で洋上風力が複数稼働しています。また浮体式の事例では韓国は20カ所程度で、風車を海に浮かべる浮体式の導入を計画しています。仏エネルギー大手エンジーなどの関連会社も2022年8月に英北部スコットランドの海域で約230万キロワットの浮体式の洋上風力発電所の建設を明らかにしています。

ただEEZ内での設置は電気を陸に届ける送電線も領海より長くなり、コストが膨らむ問題もあります。過去の公募の入札上限価格は着床式が1キロワット時あたり29円、浮体式が36円と差があります。太陽光や陸上風力のように大幅普及に合わせてコストを引き下げていく必要があります。

洋上風力の導入では、これまで風車設置を検討する事業者ごとに環境影響や海底調査、漁協などとの調整を実施していました。これには大幅に拡大するのには非効率であるとの指摘がありました。海外では国が主導して環境アセスメントや送電網につなぐ調整を担う「セントラル方式」を導入しています。

日本でもこのセントラル方式を導入しました。JOGMEC（独立行政法人エネルギー・金属鉱物資源機構）が洋上風力発電事業の検討に必要な調査を実施しています。調査対象区域は、2023年1月13日に経済産業省、国土交通省が選定した北海道の3区域となりました。こうした取り組みをさらに広げていく必要があります。

秋田県の発表によると、秋田県沖の洋上風力発電事業では発電施設の建設、運転・メンテナンスなどにより約3万7000人の雇用が生まれ、県内経済効果は約3820億円に上るとの試算を明らかにしています。地元の期待は高まります。知り合いの電力会社の技術者は「かつての原発の立地自治体のように地元が活況を呈している」とも話します。

施設の部品製造は多くが海外に頼っている現状はさきほど指摘しましたが、洋上風力の運用やメンテナンスに携わる技術者も少ないのが現状です。

日本郵船などは洋上風車のメンテナンス人材を育成する訓練施設を2024年度中に秋田県内に開設します。洋上での緊急的な対応を身につける訓練を実施する想定で、将来的に年間1000人程度の人材輩出を目指しています。

長崎大学や日本財団は人材育成機関長崎海洋アカデミー（NOA）を2020年に開講しました。5年間で1600人の海洋エンジニア育成を目標に掲げています。保険・ファイナンスや海底地盤の調査などテーマ別にコースを持ちます。縮小する火力発電からの人材の転換なども今後は必要になるでしょう。

国産化には難題も

良いことずくめのように見える洋上風力ですが、大きな課題があります。先ほども述べましたが、風車などの開発・生産で国内メーカーが撤退してしまったことです。かつて原発ルネッサンスが叫ばれたときはあくまで国内のメーカーが製造の主体でしたが、今回の主役は海外メーカーです。

洋上風力を最大4500万キロワットにまで拡大する方針を国が示したのは2020年でした。先述したように2019年には国内勢で最有力だった日立製作所が風力発電機の自社生産から撤退すると発表しました。それまでに三菱重工や日本製鋼所も風力製造から事実上撤退していました。風力発電への政策のてこ入れが後手に回った結果です。国内には風車製造拠点がありません。サプライチェーンは構築されていません。

自民党でも危機感が高まり、2023年2月に洋上風力をはじめ再生エネの導入を促す新たな議員連盟を作りました。岸田文雄首相や麻生太郎副総裁らが発起人に名を連ね、洋上風力関連技術の国産化を訴えていますが、政府が実際に実施している政策よりも踏み込んだ提言は出てきていません。

産業界は洋上風力で部品などの国内調達比率を60％まで高めようとしています。

経産省によると、洋上風力発電設備は、構成機器・部品点数が数万点に上り、関連の裾野産業も広くなります。産業界は国の洋上風力の拡大政策を受けて巻き返しを始めています。秋田沖などで風力事業を手掛けることになった三菱商事は提携するゼネラル・エレクトリック（GE）に製品製造のための技術供与を求めています。

JFEエンジニアリングは洋上風力発電の基礎製造のための工場建設に設備投資すると発表しました。日立造船や鹿島も浮体式の量産化、低コスト化の研究をしています。

基礎構造物や特殊パイプ、増速機などが特に鉄や鋼をよく使うことから鉄鋼会社の期待は高まっています。日本製鉄のエンジニアリング部門の子会社は洋上風力向けの売上高を現在の数十億円から2030年には1000億円規模に引き上げる計画といいます。

特殊鋼大手の三菱製鋼は、室蘭製作所に120億円を投じて洋上風力などを含む鋼生産設備も導入しました。産業界の目標の通り、サプライチェーンの6割を国産でまかなうことができれば、雇用に大きく貢献するでしょう。国が最大4500万キロワットという明確な目標を示しており、さらに再生エネは石炭火力のように将来的に事業が止まるようなリスクや国際批判もないため企業としても判断がしやすいことも投資が進む背景にあります。

ただ一部の部品は作れても、基幹技術の国産化はすぐには難しいのが現状です。先ほども触れましたが、1基あたりの出力が1万数千キロワットから2万キロワットに近づくなど技術競争が熾烈になっており、日本企業だけではその基幹部品を製造する技術はありません。当面はGEやヴェスタスなど欧米メーカーから供給を受けるしかありません。

中国製も性能を上げていますが、洋上に建てるという安全保障上の制約上、中国製に頼るというわけにはいかないでしょう。

洋上風力を建てる根拠である再生エネ海域利用法は国交省と経産省が所管します。地元の協議会には環境省、水産庁などが入ります。防衛関係のレーダーと干渉するケースもあり防衛省が入ることもあり、国防上の問題にもなります。

最初は米国や北欧メーカーと組み、今度はきちんと技術供与を受けて最終的には基幹技術も含めた国産への回帰も検討することも選択肢に入れてもよいのではないでしょうか。

その際には日本の洋上風力のうち、一定の割合を国産風車にすることを事業者に義務付けるなどの措置が必要になります。北欧の風力発電の雄であるオーステッドの株も過半はデンマーク政府が持っています。

米国でも洋上風力は盛んになっています。

2021年3月、米国エネルギー省のグランホルム長官は「この洋上風力発電の目標は私たちのエネルギー安全保障を進め、気候危機と戦うという私たちのコミットメントの証明です」と述べ、2030年までに3000万キロワットの洋上風力発電の展開を目的とする国家目標を発表しました。7万7000人の雇用を創出し、1000万以上の米国家庭に電力を供給するとしています。バイデン大統領の大統領令に基づいていました。

2023年5月にはカリフォルニア州のサクラメントで太平洋洋上風力サミットが開かれました。カリフォルニア州エネルギー委員会は、2030年までに500万キロワット、2045年までに2500万キロワットの洋上風力発電を設置するという目標を決めました。

米国政府内にいる著者の取材先によれば、カリフォルニアは深い海を持ち、日本と条件が近いようです。さらに洋上風力の拡大計画が出る見通しもあるということです。しかしこのサミットでは日本企業でスポンサーをしている会社はありませんでした。部品の輸出などで日本の大きな商機となる可能性がある米国の事業です。国内の製造体制の構築を急ぐべきでしょう。

4　企業が独自に炭素税

炭素に価格をつける

これまで電源や自動車という形のある脱炭素手段の話をしてきました。温暖化ガスを削減する取り組みにはほかにもカーボンプライシング（炭素価格づけ）という手法があります。二酸化炭素の排出量に応じて企業や家庭に税金を課す「炭素税」や、二酸化炭素を多く出す企業が、お金を払って減らした企業から排出枠を買い取る「排出量取引」が代表例です。

二酸化炭素が環境を汚染する物質とみなして、それに対して負担金を課す制度です。世界銀行によると、２０２１年までに何らかのカーボンプライシングの導入を決めたのは64カ国・地域になります。２０００年は7カ国・地域だけでしたので、急激に拡大していることが分かります。世界の温暖化ガス排出量の約2割をカバーしています。

欧州委員会によりますと、EU域内排出量取引制度の対象となるすべての事業者の温暖化ガス排出量が、2019年は2018年と比較して8・7%減ったといいます。脱炭素に有用な手段であることは証明されています。

日本はこのカーボンプライシングの価格は低いです。現在ある地球温暖化対策税の税額は排出量1トンあたり289円です。ほかに石油石炭税やガソリン税などもあり、一元化されていない問題もあります。

日本は2022年12月に2種類のカーボンプライシングの導入を決めました。化石燃料の輸入事業者に2028年度から、発電事業者に2033年度から適用する計画です。

これは20兆円規模の国債、GX（グリーン・トランスフォーメーション）経済移行債の償還財源にする方針です。電力会社を対象として二酸化炭素の排出枠を買い取らせる排出量取引と、ガスや石油元売りなど化石燃料を輸入する企業が燃料消費時の排出量に応じて負担する「炭素に対する賦課金」を組み合わせています。

カーボンゼロの政府目標である2050年までに終える方針を示しています。仮に20兆円を2030年から2050年までに完済すれば、年平均で1兆円ほどになります。2012年に導入した地球温暖化対策税の税収規模で換算すると、炭素価格は排出1トンあたり

1000円ほどにしかなりません。

日本のカーボンプライシングは再生エネの普及のため電気代に上乗せしている「賦課金」の縮小と入れ替える形で導入する見通しです。日本の負担価格は諸外国に比べて相当低くなる見通しです。

例えば欧州の負担額は大きいです。EUの排出量取引制度の「排出枠」をみると、2023年2月下旬に代表的な先物取引価格が1トンあたり101ユーロ（約1万6000円）超と史上最高値をつけています。EUの対象企業は二酸化炭素を1トン排出するごとに、この水準の金額を支払う必要があります。

また世界銀行の2022年4月時点の価格調査によると、1トンあたりでさきほどのEUは87ドル（約1万1500円）、スウェーデンは130ドルです。韓国は19ドルです。国際通貨基金（IMF）は2050年の脱炭素のため、1トンあたり150ドル（約2万円）以上に引き上げる必要があると試算しています。

日本は導入する時期も遅く、負担の返済期間が長くなれば脱炭素への動機づけが弱まり、企業の国際競争力がそがれる恐れが出ます。温暖化ガスの排出コストが低いと、企業の脱炭素の取り組みが鈍りかねません。

二酸化炭素を多く排出した製品に関税をかける

先行するＥＵでは２０２６年から炭素価格が低い国からの輸入品に対して事実上の関税をかける国境炭素調整措置（ＣＢＡＭ）を本格導入します。欧州と同じルールが他国に広がる可能性もあり、日本の輸出産業への影響が懸念されることになります。

また、アップルやグーグルといった国際的な企業は取引先に排出削減の取り組みを厳しく求める動きが広がっています。こうしたグローバル企業は自らが関わるサプライチェーンの脱炭素を進め、部品製造などを手がける取引先にも温暖化ガスの削減を求めています。

米アップルは２０３０年まで、ソニーグループは２０４０年までに供給網全体で温暖化ガス排出量を実質ゼロにする目標をかかげています。日本が国を挙げて誘致した台湾積体電路製造（ＴＳＭＣ）は２０４０年までに事業のすべての電力を再生エネ由来にするとしています。再生エネの比率が立地条件を左右するようになってきたのです。投資家は企業価値を評価する尺度として、ＥＳＧ（環境・社会・企業統治）といった非財務情報を重視し、企業が温暖化ガスの排出量やその対策を開示する取り組みは世界で広がっています。

日本の緩い負担では多くの日本企業が排出削減に積極的に取り組まず、グローバル企業や投資家から十分な対策をしていないと見られるリスクが出ます。その結果、供給網や投資先から日本企業が外される可能性が出てくるのです。

一方で日本企業が積極的と見られればグローバル企業との協業機会が増え、投資の対象になる機会も増えます。CBAMの動きも考慮にいれると、適切なカーボンプライシングが企業の競争力をむしろ高めることになります。

企業は先に動いています。社内で炭素価格を決める「インターナルカーボンプライシング（ICP）」というものです。設備投資をする際、社内で独自に炭素に価格を決めて二酸化炭素排出量をコストに換えておきます。

日本でも250社が導入またはその予定といいます。

帝人は二酸化炭素1トン当たり100ユーロ（1万6000円）、クラレは5000円です。日立製作所は2022年4月時点で1万4000円です。ほかにも京セラやダイキン、日産、リコーなども導入済みということです。導入後にICPを大幅に引き上げた企業も多いです。海外の厳しい規制に対応する自衛策とも言えるでしょう。

企業が温暖化ガスの排出量を開示

企業の経済活動により輩出される温暖化ガスを可視化しようとする動きも進んでいます。

各国の金融当局で構成する金融安定理事会（ＦＳＢ）は気候関連の情報開示について金融機関がどのように対応できるかを検討するため、「気候関連財務情報開示タスクフォース（Task Force on Climate-related Financial Disclosures）」を設立しました。脱炭素関連のデータが充実している大手情報サービスのブルームバーグの創業者で元ニューヨーク市長のマイケル・ブルームバーグ氏が委員長に就任しました。

ＴＣＦＤの略称がよく知られています。ＴＣＦＤは２０１７年６月に最終報告書を公表し、企業等に対して気候変動によるリスク情報を開示することを推奨しました。

気候変動リスクは移行リスクと物理的リスクの２つに分類されます。

移行リスクは温暖化対策の規制強化などに伴うリスク、物理的リスクは異常気象で建物の損壊や供給網寸断などが起きるリスクです。

世界の平均気温上昇を１・５度や２度に抑える政策を世界各国が採用しているため、移行リスクは大きくなります。石炭火力やその他の化石燃料の資産や利用が多い企業はそれだけリスクが膨らみます。石炭火力の発電所建設などプロジェクトベースの融資だけでなく、石炭火力事業を手掛ける企業の収益力低下で融資が焦げ付くリスクも考えられます。また移行リスクの一つとして、カーボンプライスが上がることによる影響を金額で開示するところは増えています。

物理的リスクも深刻です。異常気象が大幅に増えており、第1章でふれたハザードマップ上にある新幹線が水没し、大きな損害を出したことなども物理的リスクにあてはまります。

例えばみずほフィナンシャルグループは移行リスクについて「炭素税や燃費規制といった政策強化や脱炭素等の技術への転換の遅れにより影響を受ける投融資先に対する信用リスクや、化石燃料等へのファイナンスに伴うレピュテーション悪化によるオペレーショナルリスク等を想定」と定義し、物理的リスクを「急性リスクとして異常気象での風水害等の増加に起因する当社資産（電算センター等）の損傷および顧客資産（不動産担保等）の毀損、慢性リスクとして感染症、熱中症の増加等に起因するマクロ経済の悪化による信用リスク等を想定」しています。例えば1・5度目標の場合、2050年までの累計で1兆2000億円の与信コストが生じると公表しています。

物理的リスクですが、個別の土地、工場や物件の名前までは企業は公表していません。金融庁の担当者によると、「風評被害につながる面もあるのでそこまでは細かく出せないだろう」ということです。

TCFDはタスクフォースですので、恒久的な組織ではなく、企業の会計基準を作る国際サステナビリティ基準審議会（ISSB）が引き継いで企業が開示すべき気候変動やエネルギー変革リスクについて基準を出すことになっています。

温暖化ガス排出量は3つのスコープに分類されます。自社の工場などで燃料を燃やした際に排出される「スコープ1」、オフィスなどで使用する電気の発電時に排出される「スコープ2」、原材料の輸送や販売した製品の使用時などに排出される供給網全体の「スコープ3」です。

これまではスコープ1、スコープ2が公開基準となっていましたが、ISSBはスコープ3を盛り込んだ開示基準を決めました。企業は取引先の排出状況把握などサプライチェーン全体の対応を迫られることになります。

日本はISSBを受けて、日本版の基準を策定することになっており、将来的に日本版基準が、有価証券報告書にも組み込まれます。日本版基準はISSBとほぼ変わらない見通しで2025年3月末に明らかになる予定です。2026年3月期の有価証券報告書から同基準に基づく開示ができるようになります。

また国交省はTCFDの提言を受けた物理的リスクの手引きを2023年3月に発表しました。管轄する一級河川の浸水想定区域を電子地図上に表示する機能や浸水した深さにより、どの程度建物の被害が割り出されているかなどの算定方法を盛り込んでいます。

公正な移行

エネルギーの変革は産業構造の転換にほかなりません。エネルギー源が変わればそれに従事していた企業に働く人々の雇用も失われることになります。温暖化ガス削減という政策遂行に伴って職を失う労働者の雇用転換を進めることを「公正な移行」(ジャスト・トランジション)といいます。

パリ協定の前文でも各国が取り組むべき事項として記載されています。2018年12月にCOP24を開催したポーランドは会場の都市にカトヴィッェというドイツとの国境に近い石炭炭鉱の町を選びました。脱炭素に伴う失業の懸念を国として訴えたかったためです。著者もCOP24を取材しましたが、COP会場の隣には地域と石炭の関わりを紹介する博物館や鉱山労働者のモニュメントもあり、降り続く雪をかぶった労働者像の姿が印象的でした。

ポーランド政府の主導によりCOP24では公正な移行の重要性が改めて確認されました。カトヴィッェが位置する地域の名前を取って「シレジア宣言」といいます。

これを受けてEUは2019年12月に2050年までにカーボンゼロを目指す「欧州グリ

ーン・ディール」を発表し、２０２０年1月の「欧州グリーン・ディール投資計画」において公正な移行を明記して化石燃料に従事する労働者の雇用の確保を掲げています。計画には1７5億ユーロ（約２・７兆円）規模の公正な移行基金を設置しました。公正な移行の基金から支出を求める国は「ゾーン」と呼ばれる細かな地域の単位で計画を策定し、欧州委員会が審査、補助金配分を決定します。ポーランド政府のＣＯＰ24における思惑の通り、対象は石炭の炭鉱が多い東欧が多くなっています。

英国は２０２1年のＣＯＰ26に合わせて「北海移行協定」を発表しました。北海移行協定には、今後10年で石油・ガスの雇用が約5万人減る代わりに、洋上風力では約７万人増やす計画があります。ドイツも２０1８年6月、脱石炭と雇用確保に向けた委員会を設立しました。委員会の名称は「成長・構造改革・雇用委員会」で、通称「石炭委員会」と呼ばれます。

日本は２０２1年10月に策定した「パリ協定に基づく成長戦略としての長期戦略」に前述のシレジア宣言を引用しています。しかし化石燃料産業から再生エネ産業、またガソリン車からＥＶに向けた雇用移転や職業訓練を国として主導する姿は見えません。これまで書いてきた通り、日本の脱炭素政策は脱石炭やガソリン車を廃止する政策は明確にしておらず、雇用もそれらの産業で引き続き従事させるという方針だからです。

脱炭素の文脈ではありませんでしたが、日本も1960年代以降、多くの炭鉱労働者が仕事を失いました。その際に国は雇用促進事業団を設立し、各地に職業訓練学校を設立しました。失業者用の雇用促進住宅まで建設して雇用転換を支援しました。もちろん、当時は日本が高度成長期でしたので失業者が吸収された面もありますが、現在はこのような省庁横断的な施策は議論の俎上《そじょう》にすら上がりません。

国際労働機関（ILO）の試算によると風力、太陽光といった再生エネの建設や関連機器製造による雇用創出は世界で2000万人を超えたといいます。脱炭素を早く進め産業政策をリードしなければ、こうした雇用の奪い合いにも敗れてしまうことになります。企業も世界の潮流を見て自ら産業構造を転換し、雇用転換を促すために踏み出さなければなりません。

第3章

エネルギー政策大転換

1　パリ協定のインパクト

2015年の合意

パリ協定という言葉を報道などで一度は聞いたことがある方も多いと思います。特にエネルギーや製造業、輸送などの業界では経営戦略の策定に大きな影響を与えています。

パリ協定は名前の通り、2015年にパリで開かれた第21回国連気候変動枠組条約締約国会議（COP21）で合意されました。「世界の平均気温上昇を産業革命以前に比べて2度より十分低く保ち、1・5度に抑える努力をする」「そのため、できる限り早く世界の温室効果ガス排出量をピークアウトし、21世紀後半には、温室効果ガス排出量と（森林などによる）吸収量のバランスをとる」ことが内容です。

21世紀後半とは2050年とそれ以降のことを意味します。排出量と吸収量のバランスを取ることは温暖化ガスの排出を実質ゼロとすることになります。つまり「カーボンゼロ」（炭素ゼロ）「カーボンニュートラル」（炭素中立）です。

パリ協定をまとめる交渉は難航し、合意に向けて米国のオバマ大統領やドイツのメルケル首相など世界の首脳が集まりました。当時の安倍晋三首相も出席しました。

将来に温暖化ガスを出さないということを盛り込んだパリ協定は、現在世界中の国がエネルギー政策、ひいては産業政策を策定するうえでの最も重要な国際合意となっていることは言うまでもありません。世界で起きているエネルギー政策の大転換はパリ協定という地球温暖化、気候変動問題に関する国際的な枠組みが契機となっています。企業もパリ協定に沿って事業計画を転換させる必要が生まれました。

発効当初からつまずいた日本

日本はパリ協定の発効から、手続きで米国や中国、欧州に出遅れました。パリ協定は合意してすぐに有効になったわけではありません。55カ国以上が参加すること、世界の総排出量のうち55％以上をカバーする国が批准すること、という条件がありました。

パリ協定が炭素実質ゼロを掲げていることから、日本政府は条件を満たすのは数年以上かかると見ていました。

しかし当時の米国・オバマ大統領が中国やインドに批准を説得し、中国の習近平国家主席が応じたことで２０１６年11月４日に発効しました。

頭越しで「米中合意」がなされた中で、日本は国会承認が間に合わずに発効時点での参加ができない事態となりました。世界の気候変動問題への意識や熱情を見誤ったのです。例えば欧州連合（EU）は、加盟28カ国すべての国内手続きを待たずに批准する特例措置を取りました。

日本は2016年11月にモロッコで開かれたCOP22には正規の参加国ではなくオブザーバー参加となりました。世界の脱炭素の潮流を出だしから見誤ってしまいました。米国、中国、欧州が議論を主導する状況は現在も続いています。

ちなみにエネルギー・環境問題に詳しい人であれば、日本が主導して1997年に合意した「京都議定書」を覚えている方も多いと思います。この京都議定書は現在、ほとんど機能していません。

京都議定書は2020年までの温暖化ガスの削減の枠組みで、先進国だけに温暖化ガスの削減義務を課していました。しかし1997年当時から2000年代にかけて新興国や途上国と呼ばれていた中国や韓国、インドなどの経済成長が著しくなり、経済規模では先進国と並ぶ程度になりました。

米国などは「先進国だけに削減義務を課すのは不公平だ」と主張し、批准をしませんでした。これにカナダの脱退、オーストラリアの批准見送りなどが続き、実体がなくなってしまいました。

途上国も温暖化ガスの削減の目標設定

パリ協定では先進国・途上国の関係なく、参加したすべての国が削減する対象となっている点が京都議定書との違いです。京都議定書では温暖化削減は義務とされていたのに対し、パリ協定では温暖化ガス削減の目標の提出は求められていますが、削減達成自体は義務ではありません。これは途上国や新興国を巻き込めるように削減ルールを設計したためです。途上国も含めて包括的な合意になったことにより、影響は中国やインド、中東諸国などに広がることになりました。エネルギーの転換を促すことにつながります。

2020年の温暖化ガス排出量シェアを国別で見ると中国が31・8％で第1位、2位は米国の13・4％、3位がインドの6・6％です。日本は3・1％で5位となります。中国やインドは途上国に分類されるため、これらの国の削減努力は当然無視できません。

図表 3-1　京都議定書とパリ協定の違いと今後のフロー

	京都議定書	パリ協定
対象の時期	2020年まで	2020年以降
対象の国	先進国だけ	途上国含む すべての参加国
義務	目標の達成	目標の策定、提出 達成は義務ではない

2019〜2020 年	2030 年目標の提出
2023 年	グローバル・ストックテイク （削減目標の進捗チェック）
2024〜2025 年	2035 年目標の提出
2028 年	グローバル・ストックテイク
2029〜2030 年	2040 年目標の提出
2033 年	グローバル・ストックテイク
2034〜2035 年	2045 年目標提出

［出所］UNFCCC 資料を基に作成

　また途上国が温暖化ガスの削減目標を提出しても、その後の削減努力の進捗が正しい手法で計算されているのか、申告に虚偽はないのか公平性と実効性を検証するルールもあります。パリ協定には、進捗状況を定期的に提供し、国連や専門家による中間評価を受けることが決められています。これは目標をプレッジし、取り組み状況などをレビューすることから、「プレッジ&レビュー方式」と呼ばれます。各国の目標は、5年ごとに更新し提出することが求められています。しかしパリ協定の指針では削減目標が達成されなかった場合の罰則の導入が見送られています。

協定の長期目標の到達度合いについては、全体的な進捗を測るために、2023年から5年ごとに、実施状況を確認することとされました。その結果をふまえて、各国の次の削減目標などが検討されます。グローバル・ストックテイクと呼ばれ、2023年11月にアラブ首長国連邦（UAE）のドバイで開催予定のCOP28で始まります。

日本も2021年に国連に提出した、2030年度に2013年度比で46％削減するという目標についてチェックを受けます。実現達成が危うければ、脱炭素電源比率の積み増しなどの対応を求められる可能性はあります。

時代遅れの先進国、途上国の分類

ちなみに気候条約上の先進国、途上国の定義が現在と「ズレ」があることが気候変動の交渉をまとめるうえで難問となっています。

例えば、2022年11月にエジプトで開いたCOP27では気象災害を受けた途上国を支援する「損失と被害（ロス&ダメージ）」の基金の設置が決まりました。制度設計は国連に設置した移行委員会が担い、委員会は先進国が10枠、途上国が14枠を持っています。COP28まで制度設計案をまとめる目標です。

今回の委員会では日本は先進国、中国と韓国は途上国側として参加します。中国は経済規模や脱炭素技術の蓄積で日本を上回ります。韓国も1人当たり国内総生産（GDP）が日本と変わりません。日本だけが先進国に分類されているのに違和感を覚える読者もいらっしゃるのではないでしょうか。

これは国連の気候条約では1992年時点の先進国と途上国の分類になっているためです。「1992年が基準で、時代遅れ」と欧州委員会の交渉官も公開の場で話しています。

COP27でも欧州委員会のティメルマンス上級副委員長は「中国は基金を支払うべきだ」と指摘しました。欧州、日本、米国は新型コロナウイルス禍の対策やウクライナ危機への対応で財政に余裕はありません。中国なども含めて資金の出し手を増やし自国の負担を少なくしたい思惑があります。

先進国と途上国の関係では2018年11月にポーランドで開かれたCOP24でも一悶着《ひともんちゃく》がありました。最終日の採択が1日ずれましたが、これはトルコは途上国と同様に自国も国連の基金から資金援助を受けられるように強硬に主張したからといいます。EUが説得にあたり、トルコの要求は2019年以降の議論に持ち越されました。この主張はCOPの議論の前提となる気候変動枠組み条約の問題点を突くものでもありました。

トルコは1992年に採択された気候変動枠組み条約上、途上国にあたらず、国連基金からの援助は受けられません。ただ国内で相次ぐテロなどから経済が停滞し、西欧のように全力で温暖化対策にあたる経済的な余力はありませんでした。トルコの主張はそもそも条約上の1992年当時の「先進国」と「途上国」の分類自体が現在の世界経済の実態に合わなくなっていることを浮き彫りにしています。

また、単純に現在、先進国レベルになったからと言って、先進国と同様の扱いになるわけではありません。気温上昇は累積排出量に比例するために温暖化の一義的責任は先進国にあるとみられているからです。

「先進国は温暖化ガスを排出して経済成長した。これから成長を見込む途上国の気候変動対策を支援するのがまず先だ」。先進国から追加の排出削減を求められると、途上国はこう反発します。歴史的に欧米の世界に先駆けて工業化した先進国が長く温暖化ガスを排出してきた経緯もあり、「共通だが、差異ある責任」という表現が気候条約にもあります。

世界全体の温暖化の影響を抑えられるかは、両者が建設的に議論し協調できるかにかかっているでしょう。

各国は中長期の排出削減目標を公表していますが、このままでは2030年までに削減すべき温暖化ガスの目標には届きません。国連気候変動枠組み条約（UNFCCC）事務局がまとめた報告書によると、各国が目標通り温暖化ガスの排出を抑えても、2030年の世界の排出量は約520億トンと2010年比で10・6％増えます。

特に途上国や新興国の削減目標は1・5度目標と整合しないものが多いです。このため先進国側はG7などで「1・5度目標との整合性」を訴え、「先進国がより厳しい対策をすべきだ」という途上国側と論争になります。削減目標を強化することはエネルギー政策の変更に直結します。パリ協定は途上国にも政策の転換を迫っていると言えます。

2　菅首相とバイデン大統領の約束

菅首相、就任初の所信表明で炭素ゼロ

「菅首相、日本は本当によくやってくれた」。2021年4月、バイデン大統領はトランプ前大統領と争った大統領選挙の公約だった首脳級の気候変動サミットを開催しました。サミッ

トの閉会の挨拶でバイデン大統領が笑みを浮かべながら菅首相を名指しして謝意を示しました。新型コロナウイルスが収束しておらず、主にオンラインではありましたが、中国を含む40カ国・地域の首脳が集まりました。

バイデン大統領は菅首相が2013年度比46%、さらに50%の高みを目指すという2030年度の排出削減目標の表明、さらに2050年に温暖化ガスの排出を実質ゼロにすることを明らかにしたことに対し、称賛の言葉をかけたのでした。

日本がカーボンゼロを表明したのは菅義偉政権の時代です。新型コロナウイルスの感染拡大への対応の不備の批判を受けた安倍晋三首相は2020年9月に退陣していました。同月に誕生したのが菅内閣です。

「温暖化ガスの排出量について2050年までに全体としてゼロにします」。2020年10月26日の就任後初の国会での所信表明演説で温暖化ガスの排出量を2050年に実質ゼロにする目標を表明しました。

菅首相は「温暖化対策は経済成長の制約ではありません。産業構造や経済社会の変革をもたらし、大きな成長につながるという発想の転換が必要になります」と話し「石炭火力発電に対する政策を抜本的に転換します」とも主張しました。

気候変動問題の重要性について話すバイデン大統領（AP／アフロ）

主要先進国ではＥＵや英国が２０５０年カーボンゼロでは先行していました。米国や韓国はまだでした。

日本政府はそれまで「２０５０年に80％削減」「脱炭素社会を今世紀後半の早期に実現」という計画を持っていました。ゼロまで減らす年限を示さない曖昧な対応で「環境問題に消極的だ」と批判を受けてきました。日本の中期目標は温暖化ガスを２０１３年度比で26％削減というものでしたが、２０５０年ゼロに合わせて２０３０年度に46％に上積みしていくことになります。この２０５０年実質ゼロの方針により、エネルギー基本計画など関連する政策も書き換えることになりました。

日米首脳会談と気候変動サミット

日本の大きな政策転換の背景には日本の最重要同盟国である米国が関係しています。菅政権発足当初はまだ米国の大統領は共和党のトランプ氏でした。トランプ氏はパリ協定を「先進国に不公平な仕組みだ」と批判して離脱を2017年6月に表明。米国ではカリフォルニア州などで大きな山火事が頻発していましたが、気候変動との関連を否定し、「気候変動はフェイクニュース」とまで言い放っていました。

一方で2020年11月の米大統領選では民主党のバイデン氏が優勢と見られていました。バイデン氏はトランプ氏とは正反対に気候変動対応を政権の最優先の施策とする方針を表明していました。

日本のカーボンゼロ表明はそれを見越してのことでした。気候変動を重視する米新政権に事前に歩調を合わせておくことで日米関係を重視する姿勢を示すこと。さらにバイデン政権の誕生後では日本の表明が米国の後追いのような形になり、話題性が薄くなるという懸念もありました。

菅前首相に当時のことを伺う機会がありましたが、その際もやはり米国でバイデン大統領が誕生する予測の見通しがあったと言います。「米国との関係の重要性」を指摘し、「誰にも言わずに一人で決めた。（米国よりも）先に言うことが重要だった」と回想していました。

米国による影響が日本の政策転換に及んだ例はカーボンゼロ表明だけではありません。日本は約半年後に2030年に2013年比46％にするという目の前の目標を掲げました。これも米国側との調整を重ねたものでした。

この時、世界各国はパリ協定のルールに基づいて2030年の温暖化ガス削減目標を2021年11月に英国で開催するCOP26までに国連に提出する必要がありました。米国自身も正式決定前でしたが、2030年に2005年比で50～52％減らす目標を示し、気候変動を担当するケリー大統領特使を通じて、官邸や経済産業省、環境省に日本も歩調を合わせるように求めてきました。

バイデン政権発足前後から日本は45％の削減幅は経産省、環境省などの関係省庁では調整済みでした。

しかし米国は50％への数字の引き上げを求め、その意を受けた小泉進次郎環境相も菅首相と何度も官邸で面談し、50％とするように働きかけました。ただエネルギー政策を所管する経産省の梶山弘志大臣は同省がバイデン政権発足前から決めていた45％でも十分に高い目標であり、再生可能エネルギーや原子力発電所の再稼働状況から考えて上積みは難しいことを強調して反論しました。

結果、日本は46％削減を目指すこと、さらに米国への配慮から「50％の高みに向けて挑戦を続ける」という文言を入れました。２０２１年4月、菅首相はこの目標を表明しました。50％は努力のような数字にはなりましたが、46％の数字は欧州などの環境先進国だけではなく、日本企業や一部の環境団体からも評価する声が出ました。

バックキャスティング

菅政権では目標設定の方式を従来の施策を積み上げる方式から、あるべき将来を起点とした「バックキャスティング」に変わりました。

これまでは経産省が産業界に実施可能な対策を聞き取り、積み上げた数字を目標にしてきました。２０３０年度に２０１３年度比で26％削減するという前の目標は、この積み上げ式を基本としています。しかし46％は1・5度目標の達成のために２０３０年時点で求められている科学的な数字を根拠としています。

積み上げ式の方が確かな数字ではありますが、産業界に過度に配慮することで現状を維持しようとする傾向が強まります。

目標作成の過程で経産省は繰り返し、高い目標は難しいことを述べていましたが、45%という数字はバイデン政権発足前後から経産省が考えて、安倍首相や菅首相にも報告していた数字でした。

日本の数値目標をできるだけ野心的なものにするためには、COP26の議長国の英国も動いていました。

シャルマ氏は日本が46%の数字を公表する前に来日し、著者らとのインタビューでこう述べていました。「今回私は（日本の）各閣僚との面談でも日本が『2050年ゼロに向けた道筋を2030年目標で示す』と聞いた。COPの主催者としては削減目標は『2013年比50%前後』が妥当と考える。2050年ゼロに向けた軌道に乗ることができる。すべての参加国にネットゼロに向けた決意、2050年ゼロと整合性のある、より手前の目標を出してほしい」

2021年6月には「2050年までの脱炭素社会の実現」を明記した改正地球温暖化対策推進法が参院本会議で全会一致で可決、成立しました。カーボンゼロを政府目標として法律化したかたちになりました。2050年カーボンゼロの明記は当時では英国についで世界で2例目ということでした。政権が代わっても将来にわたる政策の継続を国内外に約束する狙いがありました。

気候変動対策は安全保障

バイデン大統領は就任直後から、気候変動を「国の安全保障を脅かす危機」と捉え直し、矢継ぎ早に指示を出しました。「科学は否定できない。気候変動に対応しないことで起こる被害コストはどんどん膨らんでいる」とバイデン氏は強調しています。

米中央情報局（CIA）などの情報機関を束ねる政府の機関に、気候変動の影響を調査するように指示しました。先述した気候変動サミットでは環境会議としては異例なことに各国の軍事・防衛部門を交えたセッションを加えました。日本からは当時の岸信夫防衛相が参加しています。

ここでオースティン米国防長官は「気候変動は我が軍が国土や同盟国を守ることを年々難しくさせている」と述べました。2018〜2019年にハリケーンや洪水によって米国内の陸軍や空軍基地が大きな被害を受けたといいます。日本やオーストラリアとの共同訓練を延期した例もあったと、オースティン氏は話しました。

実際、異常気象の災害では通常、軍隊が動員されることに加え、干ばつや洪水などで食糧不足が起きることが紛争の種にもなります。海面が上昇すれば従来住んでいた場所から移住を余儀なくされる住民も増え、周辺とのあつれきが生まれます。北極圏では氷がとけたことによる資源争奪の競争が実際に起きているのです。

気象災害が甚大な米国

バイデン政権を動かすのは気候変動が米国にもたらす被害の大きさです。トランプ政権時代には軽視されていましたが、米海洋大気局によると、2017〜2019年だけで米国では44の異常気象によって計4600億ドル（約67兆円）を超す損害がありました。同局は2022年の自然災害による被害額は1650億ドルで、過去3番目の大きさとなったと発表しました。1980年の統計開始以来、2017年の3732億ドル、2005年の2535億ドルに次ぐ大きさでした。

こんな研究もあります。上陸後はすぐに衰えると考えられてきたハリケーンの勢力が弱まりにくくなっているという分析が、学術誌「ネイチャー」に掲載された論文で2020年11月に明らかになっています。沖縄科学技術大学院大学（OIST）は上陸したハリケーンの勢力が弱まるまでに以前より時間がかかるようになっているのは気候変動の影響による、と発表しました。

ハリケーンは米国で最大の被害をもたらします。温暖化が続けば、ハリケーンによる被害は内陸部まで広がり、これまでハリケーンが届かずに暴風雨への備えができていない地域に大きな被害をもたらすようになります。専門家は人やインフラへの損害が深刻になると警鐘を鳴らしています。

カリフォルニア州など世界で頻発する大規模な山火事も気候変動との関連性が最近、分かってきています。

経済や金融にも波及

経済や金融への影響も明らかになりつつあります。米国の商品先物取引委員会（CFTC）は2020年9月に連邦政府として初めて気候変動の金融・経済へのリスクを包括的にまとめたリポートを公表しました。トランプ政権時代は黙殺されましたが、金融などへの影響が書かれています。

報告書は多発する気象災害による不動産価値の下落の金融への悪影響を指摘しています。

干ばつや洪水の影響は農家に貸し付けをする農業銀行や地方債を発行する自治体にも波及し、財政を悪化させ金融の不安定化を招くと分析しました。

カリフォルニアの火災など、保険会社の支払額の想定を超えた事例も紹介されています。報告書は「気候変動は保険会社を破綻させる。不動産所有者、政府にリスクが残ることになる」と警鐘を鳴らしています。

このような経緯から「(気候変動による)危機はどの国も1国では解決できない」とバイデン大統領はサミットの演説で団結と具体的行動を求めました。

気候変動問題を安全保障問題に位置づけたバイデン大統領の登場で、地球温暖化を巡る世界の勢力図は変わりました。実際、日米欧に中国も含めて新目標の設定を迫られ、米国や日本など先進国は相次ぎ新たな削減目標を表明しました。

中国の習近平国家主席までも先ほどの気候変動サミットに出席しました。「(必要なことは)手を携えて協力し、互いに非難しないことだ」と強調してみせました。米国主導の気候変動問題が動いたと言えます。

カーボンゼロは自治体が先行

政府の２０２２年の『エネルギー白書』によると、ＣＯＰ26が終了した２０２１年11月時点で１５４カ国・１地域が２０５０年など年限を区切ったカーボンゼロの実現を表明しています。これらの国における二酸化炭素排出量に占める割合は79％、ＧＤＰに占める割合は90％に上ります。

日本では自治体が国よりも先駆けてカーボンゼロを表明していました。国のカーボンゼロは自治体が国を後押しした面もあります。２０１９年９月には４自治体だけでしたが、２０２３年３月時点では９３４自治体（46都道府県、５３１市、21特別区、２９０町、46村）が表明しています。自治体の総人口は約１億２５７７万人に上り、ほぼ全ての国民を網羅していると言っていいでしょう。

菅義偉首相は２０２０年10月26日に政府として「50年ゼロ」を宣言しましたが、菅首相の宣言時には１６６自治体に増えていました。「ゼロカーボン宣言をした自治体の人口カバー率は日本が世界最多です」。２０２１年２月、小泉環境相はジョン・ケリー大統領特使とのオンライン会談でこう強調する場面もありました。

東京都は太陽光パネルを義務化

具体的な施策でも先進的な自治体があります。東京都は2022年12月の都議会で、太陽光パネルの設置を義務化することを決めました。戸建て住宅に太陽光パネルの設置を義務づけるのは国内で初めてでした。

戸建て住宅で対象になるのは、大きな住宅メーカーが建てる家です。都内で1年間に新しく建てられる家は約4万6000棟あり、このうちの約半分が設置対象になるということです。

目安を達成できなくても罰則はありません。達成への取り組みが不十分だと判断された場合、都は助言や指導を行った上で、改善が見られない場合は事業者名の公表を検討するとしています。

川崎市は2025年度から戸建て住宅に太陽光発電設備の設置を義務付ける方針を決め、条例改正案をまとめました。日本経済新聞の記事によれば、単純換算すれば年間2000戸程度の新築住宅に太陽光発電設備の設置が求められる計算になります。

京都府は2022年4月から延べ床面積300平方メートル以上の新築・増築時に再エネ設備の設置を義務化しています。京都市は国内の自治体として初めて、英国やカナダ政府が主導する「脱石炭連盟」に加入しています。

長野県は2020年4月に「気候危機突破方針」を発表し、再生エネの生産量を3倍以上にする工程表を作りました。全ての建物に2050年までに太陽光パネルを設置することを例として挙げます。河川や農業用水などを使う小水力発電も、導入できる場所に全て設置する予定といいます。

2021年度予算で10億円規模の「ゼロカーボン基金」を新設しました。太陽光や小水力、バイオマス発電の立ち上げ資金の貸し付けを掲げます。ゼロカーボンに役立つ技術開発をする企業への補助金にもあてるということです。県立大学の電力を100パーセント再生エネに切り替えました。県によると国公立大学では全国初だったようです。

横浜市は青森県や岩手県など東北の13市町村と再生エネを融通する連携を進めています。エネルギー消費量が大きい大都市では、域内の省エネや再生エネ導入だけで2050年ゼロを達成することは難しいです。温暖化ガスの排出量を上回る削減効果を実現する「カーボンマイナス」を達成した自治体との協力が重要になります。横浜市らの連携は先行例として注目されています。

自治体の権限の強い米国では米カリフォルニア州やニューヨーク州がガソリン車を禁じた

り、新築の住宅や商業施設で天然ガスの使用を禁じたりするなど、日本とは比較にならないほど取り組みを進めている自治体もあります。

3　2050年では遅い。分水嶺は2030年

さて第1章で述べた通り、2050年にカーボンゼロを実現すればパリ協定の掲げる1・5度目標が達成できるわけではありません。1・5度目標の達成には2030年、2035年、40年と途中にどれだけ温暖化ガスを削減したかということも関係があるからです。IPCCは「50年ごろに二酸化炭素と他の温暖化ガス排出量を大幅に削減してネットゼロにしない限り、21世紀中に1・5度と2度の両方を超える」と訴えています。まず2030年時点で2010年比45%の削減も必要と指摘しています。

日本ではほとんど取り上げられることのない炭素予算という概念です。1・5度以内に抑えるという目標を達成するためには、あとどれぐらいの温暖化ガス排出が許容されるのか、その残量を「予算」と捉えたものです。

空気中に放出された二酸化炭素は一定量が大気中に蓄積されていくため累積量が重要にな

図表3-2　パリ協定の1.5度目標の達成には
2030年までの取り組みがカギとなる

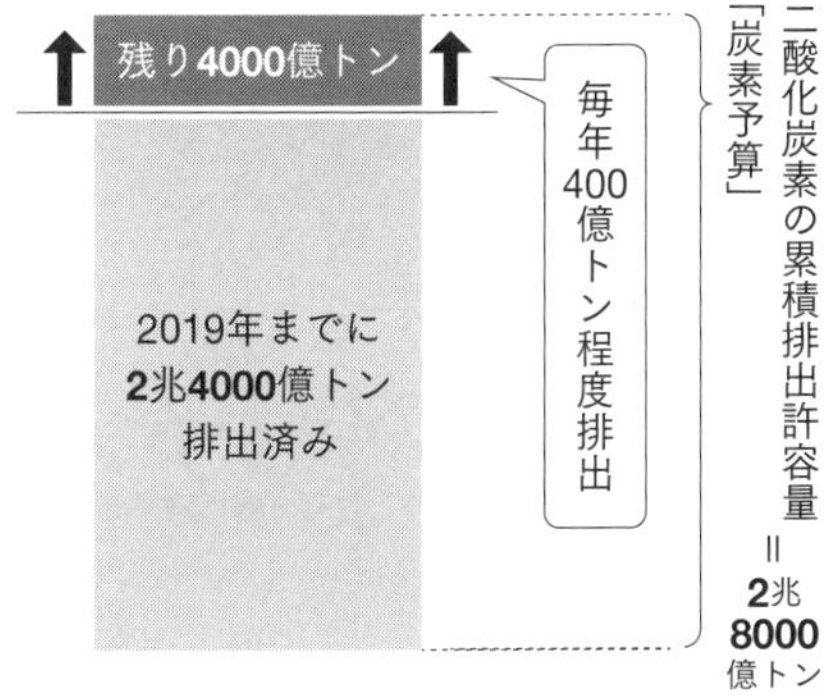

［出所］IPCC報告書をもとに作成。数字は概数

ります。既に２・４兆トン以上を排出しており、残りは４０００億トンとされています。

現在の世界の排出量は年４００億トン程度。予算は着々と減っています。いったん気温が１・５度上昇してしまうと極地やシベリアの氷や凍土がとけ、封じ込められていた温暖化ガスが放出されることでさらに炭素予算が減り、気温上昇が加速する可能性も指摘されています。後で削減を実現しても手遅れになるのです。

ＩＰＣＣは報告書で「最悪の影響を回避するには２０２５年までに温暖化ガスの排出を減少に転じさせる必要がある」とまで警鐘を鳴らしています。

わずか数年の間に急激なイノベーションは起きません。現在ある技術の活用が重要になります。既に商用化された再生エネとEVの普及を各国が急ぐにはこういう背景があります。

第2章で紹介しましたが、EVも日本はリチウムイオン電池ではなく、より安全性の高いとされる全固体電池型の技術が確立してから普及拡大が進むと見ていました。しかし炭素予算はその猶予を待ってくれません。この予算をしっかりと認識しないことが技術開発と商用化の時間のズレを生んだ形になりました。

英サセックス大のブリスボワ上級講師は科学誌ネイチャーで「政府はイノベーションではなく既に実用化された技術で気候変動問題の解決に集中しなければならない」と主張しています。いま現在脱炭素できない分野の代わりに既に実用化している技術の普及を強化するのが国際的流れです。

炭素予算の考えをしっかりと踏まえないとパリ協定に基づく戦略は打てずに国も企業も対応が後手に回ることになります。

4　実用化の時期が重要となる技術

ペロブスカイト型太陽電池

炭素予算を踏まえれば、脱炭素技術はその実用化、商用化の時期が重要になることがお分かりいただけたと思います。新聞記事を見ると「脱炭素の切り札」という言葉が頻出していますかし紹介されている技術の実用化が遠い先のことであることも多く、読者も混乱しかねません。

技術は理論上可能であっても、商用化するということとは全く別の話です。ある技術が世間で流通するには、人材を確保、原材料から工場までサプライチェーンを確立し、そして商用化に見合うコストの低減がなければなりません。

では将来の技術、既に実用化されている技術のそれぞれの現状を見てみたいと思います。

脱炭素の技術で最も注目を集めているのがペロブスカイト型太陽電池です。「ペロブスカイト」と呼ばれる特殊な結晶構造を持つ物質を材料に使う太陽光パネルのことをこう呼びま

薄いことが利点のペロブスカイト型太陽電池（共同通信社）

す。２００９年に桐蔭横浜大学の宮坂力特任教授が発明し、２０２１年には欧米のメディアがノーベル賞の受賞も予想したほどです。

　最大の特長は折り曲げられることです。重さも現在、主流となっているシリコン型の10分の1です。これまで太陽光パネルが置けなかった建物の壁や湾曲した屋根などにも設置できるとされます。どれだけ太陽光を電気に変換できるかを示す変換効率は高まってきています。

　量産化では海外勢が先行しています。中国の大正微納科技は２０２２年７月に江蘇省で量産を始めています。

　国も２０２３年４月に再生エネに関する関係閣僚会議を開き、政府が企業などと一体となって供給網の構築や普及を後押しする方針を明確にしました。国土交通省は線路わきや高架の側面などに設置が期待できるとしています。またJR西日本は一般共用施設には世界で初の事例となる大阪駅前広場への設置を予定しています。2030年の削減目標までに貢献できるほど普及できる見通しは今のところありませんが、既に量産段階に入っているということで2035年、2040年断面では有力な手段になりえます。

国の普及の後押しは、官公庁に優先的に使用するというものですが、普及拡大に向けてどこまで役に立つかは不透明です。日本企業の数社は商用化を計画しています。

発明は2009年なのに10年以上経ても国はこの技術の普及に十分にてこ入れしているようには見えません。実際に量産化は中国企業の方が先でした。日本では積水化学工業が2030年までに量産化するとの報道もありました。官民挙げて取り組むべき技術です。

地熱大国のはずなのに進まない開発

東日本大震災直後、地熱発電は再生エネの本命と期待されていました。しかし、太陽光の発電容量が急拡大したことに比べ、地熱は2割程度の増加にとどまります。世界3位の地熱資源大国ともてはやされていましたが、参入障壁が高いうえ、地下の熱源が小さく、発電所が大型化できない弱点があります。

地熱発電所は全国を見ても数十カ所しかありません。実用化につなげる調査数も少ないので2030年までの大幅な伸びは見込めません。2019年5月には国内の地熱発電所として「山葵沢《わさびざわ》発電所」が稼働しました。実に23年ぶりのことで、いかに事業化が難しいかを物語っています。

「地熱は太陽光や風力のように多数の新規事業者が参入できるわけではない。投資額も大きい」。大手電力会社が出資する東北地方の地熱業者はかつて取材にこう話しました。

地熱発電は太陽光や風力と異なり、日照時間や風向きに左右されません。「資源小国の貴重な天然資源」などと期待されていました。

経済産業省が2020年9月に公表した資料によると、2020年3月時点で太陽光が約5580万キロワット、バイオマスが450万キロワット、風力が420万キロワット導入されています。これに対して地熱は59万キロワットにとどまります。いわゆる原発1基分もありません。

日本の潜在的な地熱の資源量は2300万キロワット超で、米国、インドネシアに次ぎますが、伸びていないのが現状です。

地熱発電は地中数千メートルから取り出す高温の蒸気や熱水で、タービンを回して電気を得ます。重要なのが高温高圧の水がたまった「地熱貯留層」です。日本では、この地下熱源が小さい場所が多く、大規模な発電所が作れません。海外では数十万キロワット級の発電所がありますが、日本は最大で約10万キロワットです。

地熱を後押しする環境省も地熱貯留層の小ささは認めています。タービンを回す蒸気量が少ないため、発電に必要な掘削費などのコストも相対的に割高になります。

地熱発電の有望地は東北や九州がほとんどです。火山周辺です。発電に適した構造・規模になっているかは地面に穴を開けて数年かけて調べる必要があります。

首都圏など電力の大消費地から遠く、送電網などの観点からも難点があります。初期投資が大きくなり、超大手企業でなければ着手ができません。中小も参入する太陽光や風力、蓄電池との違いです。

また競合する太陽光や風力の発電コストが想定以上に下がったのも影響があるでしょう。それでも地熱をしっかりと普及させる理由はあります。日本は発電設備では世界で7割のシェアを誇ります。インドネシアやアフリカでも日本の技術が使われています。外国製に頼らずに済み、日本企業にも商機になります。

バイオマス発電

植物由来の燃料を使うバイオマス発電は新技術ではありませんが、現在、日本で稼働しているバイオマスの発電能力は約450万キロワットあります。バイオマス発電は間伐材といった木や、燃やせるゴミ、食料廃棄物など、生物由来の燃料を利用する発電方式です。燃やした際に二酸化炭素が出ますが、燃料の植物が光合成で吸収する二酸化炭素と相殺したとみなします。

再生エネに位置づけられていますが、森林を切り開いて発電の燃料となる植物の農園を作れば、二酸化炭素の吸収が減るとの批判があります。

政府のエネルギー基本計画では2030年度に800万キロワットまで引き上げる目標です。

ただ、燃料の調達が当初の見通しと違った方向に進んだことで問題が生じました。経済産業省などは国内の山や森林の生育を目的に木々を間引く「間伐材」が使われると見込んでいましたが、「国産」はコストが高くなる傾向にありました。そのため、森林の面積が広い外国からの輸入が増えました。未稼働の分も含め、申請のあった発電所の7割以上（発電規模ベース）が海外から燃料を輸入する計画とみられています。

米国の非政府組織（NGO）など17団体は2020年9月、日本が米国から輸入する発電用のバイオマスが気候や森林、地域社会に悪影響を及ぼしていると経産省や林野庁に抗議の書簡を送っています。米国では現地企業が間伐材ではなく、天然の木を切り倒して日本向けに輸出していると指摘していました。

また、海外では森林を切り開いてアブラヤシ農園を作っている例があるといいます。東南アジアではバイオマス発電に伴い森林が減り、オランウータンがすみかを追われる事例もありました。ヤシを発電しやすいよう加工するときにメタンガスが生じ、温暖化ガスが排出されます。海を越えて輸送すればその分だけ排出は増えます。その点では化石燃料と同じです。

欧州などでは温暖化ガスの急増につながる森林破壊を伴う手法で得た植物を燃料としたバイオマス発電を再生エネと認めない方針を既に示しています。欧米からの批判が強まり、事業の見直しを迫られれば、影響は大きくなりかねません。

脱炭素化が難しい分野でカギとなる水素

水素は燃焼しても水しか出ないため、環境に優しい次世代技術と位置づけられています。特に2050年の排出実質ゼロを見据えたとき、対策が遅れている分野をカバーできると見られています。例えば乗用車で電気自動車の導入が進む運輸部門ですが、飛行機や船の電化は現状では難しいとされています。電気では出しにくい強いエネルギーが必要だからです。産業部門の鉄鋼やセメント、化学などの産業も化石燃料を使います。石炭などを使った高い熱量が必要です。

水素を作るには再生エネから製造する「グリーン水素」、化石燃料由来の「ブルー水素」があります。ブルー水素の場合、水素を製造する際に発生した二酸化炭素を回収したり、貯蔵したりしなければならず、排出ゼロにはすぐになりません。

欧州ではグリーン水素を水素戦略の柱にしています。EUの欧州委員会は2022年5月、製造能力を10倍とする目標を掲げました。原子力由来の水素を製造する動きもあります。

調査会社ブルームバーグNEFによると、2050年時点で水素は最終エネルギー需要の最大22%をまかなうということです。

水素製鉄

鉄鋼会社の製鉄設備を「高炉」と呼びます。鉄鉱石は石炭を使用して製鉄しますが、その過程で大量の二酸化炭素が出ます。それに将来代替するとと期待されているのが水素製鉄です。なかでも水素だけを使う「水素直接還元」は大幅に二酸化炭素を削減できます。

再生エネが潤沢にあり、水素を調達しやすい北欧では既に実用化の動きが出ています。スウェーデンに本社があり、粗鋼生産量が年約880万トンあるSSABは世界に先駆けて水素還元製鉄と呼ぶ製造法の開発に成功しました。

ボルボは2022年5月、トラックメーカーとして世界で初めて化石燃料を使用しない鋼板をトラックに導入しています。この鋼材はSSABが水素から製造したもので、大型の電気トラックに使用されました。従来の鋼材よりも気候変動への影響が大幅に軽減されます。ボルボは「私たちは、すべてのトラックで化石燃料を使用しない材料の使用を増やし、運行時だけではなくネットゼロを実現します」と宣伝しています。

日本の鉄鋼業界は2050年までの導入を目指しています。実用化まで温暖化ガスを大量に出し続けるのでは競争上不利になりかねません。JFEホールディングス傘下のJFEスチールは岡山県の高炉1基を2027年に大型電炉に転換する方針を発表しています。電炉はつなぎの手段ですが、技術が上がり、高級鋼材を作りやすくなっています。鉄鋼業界は日本の産業部門のうち4割の二酸化炭素を排出しているという統計もあります。また国内の電気の脱炭素電源比率を高めなければ、電炉も大きな温暖化ガスを間接的に排出することになってしまいます。

日本製鉄も脱炭素に向けて電炉の本格導入の検討を始めました。2023年5月に九州製鉄所八幡地区など2製鉄所で電炉を導入する検討に入ったと発表しています。電炉の導入は高コストですが、欧州などが温暖化ガスを多く出す商品や部材に関税を課す措置を検討しており、対応を迫られた形です。

合成燃料、水素飛行機

運輸部門で足元の脱炭素が難しいのが飛行機というのは先ほど指摘しました。2022年10月、国連の関連組織である国際民間航空機関（ICAO）はカナダで総会を開き、将来の脱炭素に向けた方策を議論しました。国際線の航空機が排出する二酸化炭素を2050年に実質ゼロとする目標を決定しました。

これまでは2021年以降に「2019年比で二酸化炭素排出量を増やさない」としていましたが、業界として2050年カーボンゼロを初めて採択しました。国際エネルギー機関（IEA）によると世界の航空業界からの二酸化炭素排出量は2021年で7億1000万トン。運輸業界全体の９％を占めます。

航空会社や燃料会社はジェット燃料から植物や廃油を原料にしたＳＡＦという燃料と、水素による航空機開発を進めています。ＳＡＦの原料となるのは植物などのバイオマス由来原料や、飲食店や生活の中で排出される廃棄物・廃食油などです。これも原料となる植物などがきちんと持続可能な手法で燃料になったかどうか精査しなければなりません。

一方で水素を活用する航空機の開発も続いています。欧州エアバスのフォーリ最高経営責任者（ＣＥＯ）は２０２０年９月、水素を燃料とする航空機を２０３５年までに事業化すると発表しています。「商用航空機分野でこれは歴史的な瞬間だ」と胸を張ります。再生エネで製造したグリーン水素を燃料にすれば、理論上は脱炭素はほぼ実現できることになります。

日本陣営はＳＡＦを中心に活用する方針のようです。ＡＮＡＨＤは２０５０年に二酸化炭素排出を実質ゼロにする目標を掲げていますが、２０５０年に燃料の１００％をＳＡＦにする方針です。いずれの技術もまだ再生エネやＥＶのように普及拡大の局面には至っていません。どちらがコストの面で先んじるかが注目されます。

核融合は期待できるのか

「歴史に残る画期的な成果だ」。米エネルギー省のグランホルム長官は2022年12月の記者会見でこう強調しました。次世代のエネルギー技術となる核融合の研究で大きな進展があったと発表したのです。投入した分を上回るエネルギーを実験で取り出したとする成果を「核融合による電力供給に近付く一歩」と絶賛しました。

米ローレンス・リバモア国立研究所内にある国立点火施設において、水素燃料にレーザーを照射する実験で発生したエネルギーが投入量を上回る「純増」を初めて達成したとの発表でした。

強力なレーザーを全方位から均等に水素燃料に当てて力を濃縮させることで実験に成功しました。これまでは反応に使った分を上回るエネルギーを取り出すことにはどこの研究所も成功していませんでした。

核融合は太陽と同じ核融合反応を地上で再現することから「地上の太陽」と呼ばれます。理論上では1グラムの燃料から石油8トン分のエネルギーが出ます。

しかし核融合の商用化は数十年後とされます。気候変動対策や電力の安定供給に貢献するには越えるべき技術課題も多いです。実際、グランホルム長官も「実用化はまだ先」と言います。よって2030年はおろか、2050年のカーボンゼロに役割を果たせるかも分かりません。米国の発表は脱炭素の実効性よりも研究成果を世界にアピールする狙いがあったと見られます。

ただ従来の原子力に代わり利点が多いのも事実です。大きなエネルギーを生みますが、燃料の供給をやめれば反応が止まります。現在の原子力発電所などでは核分裂を採用していますが、核分裂の連鎖反応は制御がうまくいかなければ東京電力福島第1原発事故のように大きな事故につながります。核融合も放射性廃棄物が出るものの、現在の軽水炉型の原発よりは少なくなる見通しです。

米国の実験はレーザー方式と呼ばれる手法です。ほかにも技術開発の中心を担う、日米欧中印などがフランス南部のカダラッシュで建設中の「国際熱核融合実験炉（ITER）」のプロジェクトがあります。こちらは核融合に必要なプラズマ状態を磁場コイルで作る「トカマク型」です。

ITERは日本でも誘致活動があったために記憶にある人も多いかもしれません。東芝子会社など、日本企業も参画しており、プラズマ状態を作る磁場コイルという基幹部品を順次、納入します。ITERは発電を伴うものではありませんが、2035年に核誘導運転を計画しています。ただ計画はどんどん遅れています。運転開始時期は当初2020年でしたが、2025年、さらに2027年にまで延期しています。ITERは実験施設であるため、これを発電用に実用化するにはさらに時間がかかります。総建設費は約200億ユーロ（3兆1000億円）に達する見通しです。

巨大プロジェクトだけではありません。マイクロソフトの設立者、ゲイツ氏が出資するマサチューセッツ工科大（MIT）発スタートアップは2025年にも核融合炉を試作し、稼働実験を計画しています。グーグルも開発に乗り出し、プラズマを生み出す際のエネルギー効率を高める実験に成功しているとのことです。

英国も原子力公社を中心に国を挙げて研究しており、2040年までに実証炉を作るとしています。

IT（情報技術）大手が開発に着手するのは、人工知能（AI）向けに使われるデータセンターなどで膨大な電力が必要となるからと見られます。

日本でも茨城県にある国の量子科学技術研究開発機構の研究施設で開発をしています。文部科学省もITERと日本の施設であるJT−60SAに毎年度、約220億円を出しています。

核融合と再生可能エネルギーはともに1960年代以降に化石燃料の枯渇の懸念から本格的に研究開発が進められましたが、再生エネは既に広く普及しました。米国の核融合実験に成功した装置は先ほどの米国立研究所によるとサッカー場3面分も占めるほど巨大だったといいます。現状ではコスト面でも途方もないことになるでしょう。国立研究所のブディル所長も会見で、商用化が実現するとしても「数十年後」と述べていました。

また数々のスタートアップが核融合発電の2020年代の実現を目指していますが、手法や技術が公開されておらず、本当に商用化にこぎつけられるかは不透明です。

次世代技術を開発することは直接、足元の脱炭素につながるわけではないことをお分かりいただけたと思います。将来の有力な技術として選択肢に加わりますが、再生エネなど既にある温暖化対策技術の重要性は変わりません。

2011年の福島第1原発事故後、様々なエネルギー源や技術が新聞をにぎわし、また忘れられていきました。メタンハイドレートが日本を変える、南鳥島沖でレアアースを採掘するというものもありました。もちろん、研究開発は重要です。しかし技術というのは商品としてコスト競争力があるものでなくては普及しません。報道機関の「切り札」や「ゲームチエンジャー」などの言葉に惑わされず、本当にできるものとそうではないものを、しっかりと見極める力が求められます。

第4章

世界での立ち位置を俯瞰する

1　再生エネと石炭超大国・中国

中国は2つの顔を持つ

エネルギー・気候変動問題は中国を抜きに語ることはできません。中国は温暖化ガスの排出量で世界1位です。特にエネルギー起源の排出量では世界の3割を占めます。日本の製造業も中国市場に大きく依存しており、中国の規制の動向は日本に直結します。

中国は気候変動分野では自らを「途上国の代表」と位置づけ、日本などの先進国が掲げる2050年のカーボンゼロではなく、2060年のゼロを目指しています。さらに「二酸化炭素の排出量を2030年までに減少（ピークアウト）に転じさせる」としています。

中国は気候変動の観点から言えば、最大のポリューター（汚染者）でありますが、再生可能エネルギーなどの脱炭素分野でも最先端の国であるという二面性を持ちます。温暖化ガスの排出量が多く世界で早期の廃止が議論されている石炭火力ですが、中国の石炭火力発電の設備容量は11億キロワットあります。フィンランドにある独立系のシンクタンク、エネルギー・クリーンエア研究センター（CREA）などの調査によると、中国は2022年に約1

億キロワットの石炭火力発電設備建設を承認しています。2021年比4倍、2015年以来最大の規模といいます。

環境団体グリーンピースは2023年4月、中国の地方政府が2023年第1四半期に建設を承認した石炭火力発電設備の容量が少なくとも約2000万キロワットに達したと明らかにしています。

一方で脱炭素の中核となる電気自動車（EV）や再生エネも中国ではまさに爆増しています。国際エネルギー機関（IEA）の統計によれば、世界で2022年に再生エネの設置を最も増やしたのは中国で、最大約1億8000万キロワットと見られます。1年の導入量だけで日本が持つ全ての再生エネの発電設備よりも多かったのです。人口や経済規模を考慮に入れても差は歴然です。

新型コロナウイルスの感染が広がった2020年からの3年間では約4億6000万キロワット増やしました。原子力や火力発電所のように24時間発電できるわけではありませんが、発電能力は原発460基分にあたります。

また2022年は中国の再生エネの設備容量が石炭火力発電の設備容量を初めて上回った

という報道もありました。再生エネ発電の2022年末時点の設備容量は12億1300万キロワットに達し、同年末の石炭火力発電の設備容量11億2000万キロワットを上回ったということです。中国では前年から増えた電力需要分の92%を風力と太陽光でまかなったという試算もあります。

世界市場を牛耳る中国

このように再生エネを急増させている中国ですが、太陽光の世界シェアは世界1位です。IEAは太陽光パネルの主要製造段階での中国のシェアが8割を占めているとし、再生エネの重要性がこれまで以上に高まっている今、中国の1極集中から脱してサプライチェーンを多様化するように提言しているほどです。自然災害や紛争が発生すれば、世界への供給が滞ることにもなります。

太陽光パネルの主要素材のポリシリコンやウエハーは2025年までに中国のシェアが95%になるともいいます。蓄電池のシェアは第2章でも見た通り、太陽光ほどではないですが、中国企業が上位を占めています。

世界風力会議によると、2021年に世界で設置された洋上風力発電所の設備容量は

中国で製造されている太陽光パネル（ロイター／アフロ）

2110万キロワットでした。累積導入量は5717万キロワットです。

そのうち、中国の2021年の導入量は世界の8割にも上る1690万キロワットになりました。ブルームバーグNEFによると、2021年の洋上風車メーカーの導入量は中国が1～4位を占めました。これは内需による効果と見られます。内需で技術革新をとげた中国企業が再生エネを渇望する東南アジアに攻勢をかけたらどうなるか、想像に難くありません。

「中国は電動化の最先端を行く」。2023年4月に中国で開催された上海モーターショーで日本車メーカーの社長がこう挨拶しました。

トヨタやホンダ、日産自動車は上海のモーターショーで相次いでEVの新製品を発表しました。

日本ではお目にかかれない車種がたくさん上海でお披露目されており、これには現地を取材した記者から「日本市場を後回しにしている」「日本ではEVの将来性に疑問を投げかける発言をしていたのに中国では逆のことを言っていて面を食らった」との感想を著者に漏らしている人もいました。

実際世界のEVの約6割が中国で生産されています。また2022年は日本を抜いて世界最大の自動車の輸出国にもなっています。20年前までには考えられなかったことです。

トヨタの中嶋裕樹副社長兼最高技術責任者（CTO）は中国市場は電動化やスマート化の最前列にあると明らかにしたといいます。ホンダは2035年に中国市場に投入する新車をすべてEVにすると発表しました。ホンダは世界市場で2040年に新車すべてをEVか燃料電池車にする目標を掲げてきましたが、中国では5年も前倒しすることになりました。EV販売を早めないと中国市場では生き残れないとの判断からでしょう。

実際、急速なEVシフトにさらされ、日本メーカーの中国での乗用車販売台数は2023年1〜3月累計で前年同期から3割以上落ち込みました。ガソリン車を主力とする日本勢は苦戦を強いられ、三菱自動車はガソリン車の現地生産が停止になり、トヨタ自動車も2000人規模のリストラをするという報道もあります。

中国はBYDをはじめとするEVメーカーは航続距離などで優れた新車種を次々に発表しました。日本の自動車メーカーもEVでは規制の緩い日本市場は後回しにして最新型を中国に投入するという構図になっています。

上海モーターショーではドイツの自動車メーカーも様々なEVを展示しました。ドイツメーカーは乗用車販売の3分の1を中国に依存していますが、中国のEVが性能向上を日進月歩で進めており、中国だけではなく、欧州でもドイツメーカーの大きな脅威となっているようです。

実際、ドイツの保険会社アリアンツ・トレードが2023年4月に公表した報告書では中国製EVが欧州市場を席巻し、欧州の自動車メーカーは2030年までに年間70億ユーロもの利益が失われるとの推計を示しています。

報告書では米国はインフレ抑制法によって北米生産EVのみに補助金を出すなど、中国の自動車メーカーを締め出す動きがあるが、欧州はEVの輸入を開放したままであると指摘。EV用電池の原材料となる鉱物の開発を強化し、中国の自動車メーカーに欧州での生産を許可するといった対策を提言しています。

またEUのフォンデアライエン委員長は中国製のEVが国からの補助金で価格を抑え市場競争を歪めているとして調査する方針を2023年9月に発表しました。中国のEVへの危機感があらわになった形です。

中国を先進国に

中国の超大国としての現状を踏まえて、これまで「途上国の代表」として、温暖化ガスの削減目標や途上国への支援で猶予を受けている中国の位置づけに疑義を唱える声が強くなっています。エジプトで開催した第27回国連気候変動枠組み条約締約国会議（COP27）では特にそうでした。

COP27では気象災害の損失などで途上国が求めていた基金の設置の是非と、設置を決めた場合、基金に対してどの国が支援するかが焦点になっていました。「われわれ欧州は既に多くの資金を出している。問題は米国と中国がさらに行動を起こすことだ」。フランスのマクロン大統領はCOP期間中にアフリカの途上国の参加者との会談でこう強調しました。国連のグテレス事務総長も途上国支援に触れ「米国と中国という世界の2つの経済大国が特別な責任を負う」と訴えました。米国は従来からの支援国ですので発言は中国を念頭に置いたものです。

先述しましたが、国連気候変動枠組み条約が採択された1992年時点の経済規模の観点で先進国、途上国と組み分けしており、中国は途上国の扱いにしています。中国も自らを途上国の盟主と位置づけ、中国は「グループオブ77」というアフリカなどの途上国の枠組みで活動しています。

中国は温暖化ガスの累計排出量が米国に次いで多いだけではなく、1人あたりの排出量も先進国に匹敵しています。産業革命以降の温暖化ガスの累計排出量で中国は2位で、英国やドイツなど西欧諸国よりも大きくなり、先進国が歴史的に多くの温暖化ガスを輩出してきたという論理も中国にはあてはまらなくなりつつあります。

世界の科学者で構成するグローバル・カーボン・プロジェクトが2022年に発表した報告書によると、日本の2021年の1人あたりの二酸化炭素の排出量は年8・6トンで、中国は同8トンでした。一方でインドは同1・9トンにすぎません。

米国のケリー気候変動特使はさらに踏み込んで「米国は中国が支援を約束すれば動き出す」と述べています。中国の解振華・気候変動特使は「先進国の実質的な成果を望む」とけん制するばかりで中国が支援国側に回るという議論に進展はありませんでした。中国を事実上の先進国扱いにするかという議論は2023年のCOP28でも続きそうです。

中国に支援拡大の声が相次ぐ背景には、途上国側が求める額が膨大になっているという事情もあります。気象災害の損失と被害への補償に加えて、「適応」と呼ばれる防災システムなどの構築に、COP27の議長国であるエジプトは2030年までに最大3000億ドル（約44兆円）の支援が必要だと打ち出しました。

このような規模の支援は欧米日にはできません。既に世界の温暖化ガス排出の3分の2を途上国が占めるようになり、世界の脱炭素化には途上国の取り組みが欠かせません。このように中国は温暖化ガスの最大の排出国という意味でも、脱炭素技術の先駆者という役割でも世界に大きな影響力を持っています。

さて、ウクライナ危機以降、化石燃料の高騰や天然ガスの不足により、一時2021年のCOP26で合意された「グラスゴー気候合意」を見直す機運も出ました。特にグラスゴー気候合意は1・5度目標の遵守を掲げているためです。

COP27でも途上国から「化石燃料が高騰して買えなくなる。再生エネを急拡大できるのは大国だけ」などと不満がくすぶっていました。

しかし、COP27と並行してインドネシアで開催されていたG20の首脳宣言では「グラスゴー気候合意を尊重する」という文言がしっかりと入りました。これは米国の気候変動担当のケリー大統領特使が中国の解振華気候変動特使との間で合意し、同時に行われていた首脳会合に明記させたともいいます。

米国と中国の交渉は、世界の温暖化の方向性を決めるほど重要性を持つようになっています。

さらに中国の排出量が2024年にも減少に転じる可能性が出ています。英国に拠点を置く気候変動分析サイト「カーボン・ブリーフ」などによると、中国は2023年に1億6000万キロワットの風力・太陽光発電容量の新設を計画しています。再生エネの増設分が電力需要の増加分をカバーし、2024年に温暖化ガスの排出が減少に転じる「ピークアウト」を迎えると見られています。

中国は2023年に1億6000万キロワットの風力・太陽光発電容量の新設を計画しているといいます。非政府組織（NGO）のクライメート・アクション・トラッカーは中国の排出量は2025年ごろにピークを打つと見ており、中国・成都市の西南財経大学の研究者らは英学術誌への論文で2026年までに排出量のピークを迎える確率が80％超と分析しています。中国が減少に転じれば、既に覇権を握る再生エネやEVなどの脱炭素技術をテコに、世界への影響力はさらに強まるでしょう。

インドの動向

中国ほどの影響力はもちろんありませんが、世界第3位の温暖化ガスの排出国であるインドのエネルギーの動向も目が離せません。私が取材に訪れていた2021年のCOP26でもインドが共同声明を土壇場で覆すという出来事がありました。

「今の時点で石炭を段階的に廃止するなどと誓約はできない。途上国は経済発展と貧困の根絶を追求している」。会期を1日延長していた11月13日夕方にインドの環境相がこう発言しました。

COP26では石炭火力利用の廃止の是非が争点になっていました。合意文書の表現について議長国の英国は「段階的に廃止する」としていたのにインドが反対しました。

結局、「段階的廃止」から「段階的削減」と大きな変更がありました。この事態には当然、水没の危機にさらされている島しょ国などからも異論が出ましたが、議長国の英国も全ての合意自体が流れることを恐れてインドの主張に屈しました。「深い失望を理解する。全体の合意を守ることも重要だ」。議長だったシャルマ氏は涙ぐみながらに語った光景はよく報道

インドの突然の問題提起により、COP26の最終盤で議論する米欧中の代表（ロイター／アフロ）

されたため、知っている方も多いと思います。インドの強い影響力を目の当たりにした瞬間でした。

しかし、翌年のCOP27では一転、インドは「全ての化石燃料の段階的廃止」を主張しました。インドなどが対象を石炭だけでなく全ての化石燃料に広げるように交渉を続けました。サウジアラビアなど産油国の反対で結局は実現しませんでしたが、最後まで文言を入れるか世界を巻き込んだ争点となりました。

ただインドの地元メディアによると、「天然ガスや石油も温暖化ガスの排出につながる。一つの燃料だけを悪者にするのはおかしい」と、COP27のインド代表団が語ったということですので、石炭に大きく依存するインドの事情を踏まえて天然ガスなどは見過ごして、石炭だけを標的にした化石燃料の削減論はフェアではない、という動機でそう主張したというのが実態のようです。

インドは2070年までのカーボンゼロを表明しています。これは先ほどのCOP26の会見で明らかにしています。日米欧など先進国が2050年までです。中国やロシア、サウジアラビアといった新興国は2060年に設定しています。インドはさらに10年遅い2070年です。

よく中印という言葉も聞きますが、インドは中国ほどの経済成長をなし遂げているわけではありません。モディ首相はCOP26で「インドの人口は世界の17%を占める一方、排出量は5%にすぎない」と説明しました。さらに貧困の根絶のために経済成長にも力を入れる必要性も明らかにしました。

しかしインドの貧困問題は認めつつも、インドに脱炭素を早めるような国際的な圧力もあります。COP27の合意案には2030年までの排出削減目標が1・5度目標に合致しない国に対して「2023年末までに目標を再検討して強化するよう要請する」と明記しています。これは2050年カーボンゼロを明言していない中国やインドが念頭にあります。

脱炭素を進めるインド

ただインドも脱炭素に向けた動きは早まりつつあります。モディ首相はCOP26で２０３０年までの目標として再生エネなど非化石燃料による発電容量を5億キロワットにするほか、エネルギー需要の50％を再生エネでまかなう方針を示しています。

２０２２年に発表されたインドの「全国電力計画」によりますと、２００７年から２０１７年の間に、インドの石炭火力の総発電容量は2倍に増加した一方で、今後10年では石炭火力の発電能力は20％以下しか増加しないとしています。再生エネの発電容量は２５０％増加する見通しを示しています。

英国のシンクタンクのエンバーによると、インドでは２０２２年の新規導入発電容量の92％を太陽光と風力が占め、石炭は5％にとどまったとの統計があります。太陽光の新規発電容量は約１４００万キロワットでした。これは２０２１年の英国の太陽光による総発電容量に匹敵します。中国と同様に脱炭素でも大国となりつつあることがわかります。

ＩＥＡのビロル事務局長は「インドのクリーンエネルギーへの移行が既に始まっている。COP21パリでの公約を達成し、既に電力容量の40％を非化石燃料でまかなっている」と称賛しています。

インドの脱炭素を後押しする要因として、晴天に恵まれていることの多いインドの太陽光発電は世界で最も安く、太陽光発電大国である中国、オーストラリア、ブラジルよりも安価と言います。

さらに太陽光発電と蓄電池設備を組み合わせた建設・運営コストも石炭火力より安いとされます。インドは再生エネのサプライチェーンの国産化を大々的に打ち出しています。国産ソーラーパネルの生産が促進されれば、中国に匹敵するサプライチェーンが構築され、価格がさらに下がるとの分析もあります。

インド政府はEVの分野でも2030年の新車販売数のうち、乗用車の3割、商用車7割、二輪車8割をEVとする方針を掲げています。

既に現地のTata Motors（タタモーターズ）や現代自動車のEVがシェアを大きく伸ばしています。現代自動車は2023年5月、インド南部に24億5000万ドルを投じてEVの生産を強化し、工場の生産能力を年間約85万台に増やすと発表しています。日本車の脅威になる可能性もあります。

インドは近く日本を抜いて世界で3番目の経済大国になると予測されています。日本にとって大きな市場であるインドの状況は見逃せません。「脱炭素に遅れている途上国」という認識だけではインドの実態を見誤ることになりそうです。

2　ESG対反ESG　米民主党対共和党

次期有力大統領候補が音頭

米国フロリダ州で2023年5月、ESG（環境・社会・企業統治）投資の活動を制限する「反ESG法」が成立しました。2024年の次期大統領選で共和党の有力な候補となっているデサンティス州知事が推進していたものです。

この州法は地方債を発行する際にESGの観点を入れることを禁止しました。州や自治体が関係する年金基金の投資では「金銭的にいかに利益が出るか」を最優先するように求め、化石燃料の削減や人種の多様性などの要素を投資の評価にすることを禁止しました。ESGを掲げる銀行を公的資金の預金先から外す方針も示しました。

フロリダだけではありません。2022年ごろからビジネスモデルにESGの要素、例えば気候変動リスクの開示や石炭などの化石燃料排除、女性の社会進出などに関する企業とのエンゲージメントを取り入れた銀行や投資家はこうした反ESG運動の標的となりました。ESGの方針を持つ企業、年金基金、保険会社、資産運用会社と契約や取引をすることは、特定の企業、特に化石燃料企業を「ボイコット」しているとみなされます。そのために州と契約ができないというものです。

2023年5月現在でテキサスなど米国の9州がESG政策や関心を持つ投資家や企業との取引を阻止する反ESG法を可決するに至っています。

ESGはエネルギー問題だけではなく、同性愛、アジア人や黒人など人種の多様性、女性の社会進出も含みます。現在報道されているウォルト・ディズニー社とフロリダ州との係争ではディズニー側は「ゲイ、レズビアン、ノンバイナリー、トランスジェンダーの子供や家族を不当に標的にする」としており、「E」のエネルギー・環境問題より「S・G」の話になっています。

フロリダやテキサスといった反ESG法を可決した共和党知事がいる州はESGの先頭に立ってきた資産運用世界最大手ブラックロックやJPモルガンのような投資大手と契約を取り消し、投資を引き揚げるという事態が起こっています。

共和党の知事たちは米企業が社会問題に積極的に関与する流れを「Woke（社会正義に目覚めた）資本主義」と批判しています。

気候変動対策や多様性の向上に力を入れた企業が融資などで優遇される一方で、こうした枠に当てはまらない中小企業主らが苦労している状況の改善を目指しているといいます。

米資産運用大手バンガード・グループは運用会社に2050年までの排出量実質ゼロ化を促す世界的な合意から離脱する事態も起こっています。

デサンティス氏は「ESGは経済や市場に政治を持ち込んではならない、投資は経済的利益の追求に専念すべきだ」と言ったということです。連邦レベルではバイデン大統領は2023年3月、企業年金運用にESGを考慮した投資判断を禁じる議会の決議案に初の拒否権を行使しました。

金融界から反発の声

一方で投資家や企業側も民間が投資において政治から制限を受けずに持続可能な社会を求める市場の要求に応えるべきという声のほか、反ESG法案について積極的な批判を始めています。

ケンタッキー銀行協会は、反ＥＳＧ法を施行しようとするケンタッキー州司法長官を訴えています。銀行協会は言論の自由に対する権利の侵害であると主張。米国の大手銀行も「自由市場の党が、銀行に何をすべきか指示しようとしているのは本当に奇妙なことだ」とこうした動きに懸念を示しています。

ユタ州で３０００の企業が加盟するソルトレイク商工会議所の広報担当副会長も「(反ＥＳＧ法を可決した）テキサスで起こったことがここでも起こることを望んでいない」と述べています。

標的となったブラックロック社のラリー・フィンクＣＥＯは２０２３年1月のダボス会議ではこう話しました。「反ＥＳＧの州はブラックロックの運用から約40億ドルを引き揚げた。一方、ブラックロックの２０２２年の純流入額は約４０００億ドルで、そのうち２３００億ドルは米国からのものだ。つまり、米国では、40億ドルの資金流出と２３００億ドルの資金流入があった」。米国では集めた資金の方が圧倒的に多かったことを強調したのです。

またフィンク氏はブラックロックの脱炭素の方向性を変えることはないとも話し、欧州では「脱炭素化に向けたレンズがなければ、1ユーロのビジネスも獲得できない」と話しました。米国がインフレ抑制法を通じたクリーン経済への移行も「ゲームチェンジャー」になると指摘。反ESGの動きにかかわらず、脱炭素の流れは続いていると指摘しました。

反ESGによって資金を預けている住民に金銭的な損害が出るという試算もあります。ロイター通信は、インディアナ州立法サービス局の調査結果を紹介し、「米国インディアナ州のファンドマネージャーによる持続可能な投資要因の使用を制限する法律案は、同州の公的年金制度の投資収益から10年間で67億ドルを削減する可能性がある」と指摘しています。

またペンシルベニア大学のウォートン・スクール・オブ・ビジネスの調査によると、テキサス州の反ESG法は、地方債の利払いの増加により、同州に5億3200万ドルの損失をもたらすと推定しています。もし各州がこのような法律を受け入れ、米国民に何億ドルもの負担を強いた場合、「金銭的な利益を優先」(デサンティス知事)と言っているはずの反ESGも本末転倒になります。

ニューヨーク・タイムズ、ブルームバーグ、フィナンシャル・タイムズという大手メディアも手法に異論を唱えています。ただ共和党はトランプ前大統領のようにマスメディアの報道自体を「フェイクニュース」と断定する者もいますので、メディアの反論は共和党にはあまり効果はないかもしれません。

こんな出来事もありました。2023年5月、反ESGキャンペーンの最中にもかかわらずフロリダ州行政委員会は再生可能エネルギーなどに出資する「緑のファンド」に2億ドルを拠出すると明らかにしたのです。

この委員会は、1839億ドルのフロリダ退職金制度を含め、総額2396億ドルを管理しているということですが、この緑のファンドはまさに反ESGがやり玉に挙げていたブラックロックによる再生エネなど脱炭素を推進するファンドの一部でした。米国務省の職員に取材した際、「反ESGは政治的パフォーマンスの色合いが強い」と言われましたが、この事例を見るとその印象も否定できません。またデサンティス氏もイタリア系移民の末裔《まつえい》であり、英国や欧州北部出身のプロテスタント系白人を基盤としてきた従来の米国の保守本流とも異なります。また先述した通り、脱炭素やエネルギーの変革は安全保障の意味合いも強まっています。脱炭素をESGの範疇からでは判断できなくなっています。

実際、こうした反ESGの動きに関わらず、米国を含む世界の脱炭素投資は急増しています。ＩＥＡによると、２０２３年の再生エネ、送電網などへの投資は１兆７４００億ドルに上るといい、化石燃料の約１・５倍になります。

米のエネルギー主導権は州や企業

札幌市で開かれたＧ７気候・エネルギー・環境大臣会合後、米国の気候変動担当の大統領特使ジョン・ケリー氏はインタビューに応じました。著者らは共和党に大統領が交代した場合、米国の脱炭素の動向も根本から変わるのではないかと問いかけました。

ケリー氏はエネルギーの変革の方向性は変わらないと断言しました。彼の言葉を引用します。「(気候変動問題は)政治の問題としてではなく、数学と物理学と科学の問題として行われている変革だ。世界中のほとんどの大企業が温暖化ガスを出さない企業へと移行させるために全面的に取り組んでいる。何十億ドルもかけて工場を改造し、ＥＶの生産にシフトし、問題を解決するために重要な他の技術にシフトしている。誰かが大統領になったからと言って、突然、『今までのことをすべて取り消すぞ』と言う人はいない」

彼は生粋の民主党政治家ですのでこう主張するのは当然でしょう。ただ産業構造が既に脱炭素に大きく振れてしまっていて戻せないという主張には説得力はあります。

実際、米国では実態としてグリーン経済にかなり移行しています。例えば反ＥＳＧの牙城で化石燃料産業が強いテキサス州では、税制優遇などによって再生エネの設備容量が全米最大に成長しているのです。

具体的には風力はテキサス州が全米の26％を占めています。大型太陽光発電ではカリフォルニア州のシェアが全米の26％でしたが、テキサス州はその次の16％です。。テキサス州の風力発電と太陽光発電の合計は、ニューヨーク州やオハイオ州の全電源による発電量を上回るといいます。

気候変動問題に背を向けたトランプ前政権の下でも、自治体が先導するかたちで米国の排出量は減り続けました。排出量が急増する中国やインドを尻目に、２０２０年までの10年間で主要７カ国（Ｇ７）で最大の排出量を削減しています。電源に占める石炭火力の割合は２０２０年に２０１１年比で50％以上減り、再生エネが石炭を上回っています。

１００年以上の歴史を誇るフォードやゼネラル・モーターズ（ＧＭ）もトランプ政権時代に大規模なＥＶ計画を打ち出しています。

州の強い権限

米国では州の権限が強く、連邦政府も力が及ばない州のルールがあることは米国でビジネスを経験したことのある読者ならよくお分かりかと思います。

２０３０年代から２０５０年までに域内の電源を１００パーセント再生エネなどのクリーン電源とするほかカーボンゼロを達成すると誓約した州は22に上ります。米国の人口の半数以上がこの「１００％誓約」に加わることになる計算です。

２０２２年には米国第３の都市シカゴがあるイリノイ州が「クリーンエネルギー１００％」を宣言しました。これにより、ニューヨーク、サンフランシスコ、シカゴという全米の三大都市を持つ州がカーボンゼロを決めたことになります。

１００％脱炭素の公約よりも特筆すべきは、今後数年間ですべての新型乗用車を１００％EVなどにするという宣言を採択した州は現在16州あることです。

トランプ氏がパリ協定からの離脱を表明した後、カリフォルニアやニューヨークなどの州政府、都市、企業などが集まり「We are still in（我々は引き続きパリ協定に加盟する）」と称する団体を設けました。参加したのは10の州や３４３の自治体、２８５１の企業に膨らみました。

「We are still in」はバイデン大統領がパリ協定に復帰した後に「We are all in」になり気候変動に関する政府間パネル（IPCC）の1・5度目標に沿って2030年までに温暖化ガスを半減させる活動を続けています。脱炭素に取り組む自治体、企業の層は厚いです。国内では脱炭素が加速する流れは止まらないでしょう。

IRAのインパクト

米国の脱炭素の不可逆性を強めている背景に2022年8月に成立したインフレ抑制法（Inflation Reduction Act）があります。歳入・歳出法とも呼ばれたり単に英語の頭文字を取ってIRA法と表記したりします。この本でも何度も登場しました。

バイデン政権が大統領選時代から打ち出していた2・2兆ドル規模の「ビルドバックベター」（Build Back Better Act）法案を改定し、予算規模も縮小したものです。

必要な予算額は7370億ドルです。歳入のうち2220億ドルを15％の最低法人税によってまかないます。処方薬価格改定で2650億ドル、内国歳入庁の富裕層への徴税強化で1240億ドル、自社株買い賦課金1％設定で740億ドル、直接税の損失制限の延長で520億ドルとなるといい、これでこの法律による歳入の合計7370億ドルになります。

歳入のうち、3690億ドルが脱炭素関連に向かいます。これは「エネルギー安全保障と気候変動」という分類がなされています。何度も報道されている通り、米国における気候変動に対する投資額としてはこれまでで最大のものになります。民主党によると、主に再生エネの振興や2030年までに温暖化ガスの排出を40％削減するために資金は使われます。

歳入のうち、3000億ドル以上が財政赤字削減のためにまかなわれるほか、薬価の引き下げにも用いられます。単純に脱炭素目的ではないために複雑な法律ではありません。

エネルギーと気候変動の分野を詳しく見てみます。太陽光など再生エネと蓄電池の製造や投資への税額控除をします。またカーボンフリーのエネルギー源を導入する企業には補助金を支給します。新型原発の開発や水素エネルギー、CCSと呼ばれる火力発電所から出る温暖化ガスを回収・貯留するなどの技術投資には税額控除を設けています。

屋根置き型太陽光やヒートポンプなどに対して2032年まで税額控除します。商業ビルのエネルギー効率化に対する税額控除、油田やガス田からのメタンガス排出を企業が削減するための補助金や融資、メタンガスを過剰に排出する事業者への賦課金などもあります。

先述しましたが、最も各国との論争となったのはEVの税額控除を受けられる要件を厳しくして、北米で製造されたものでなければならないと明記した部分です。ＥＶの車載電池などを巡り中国のシェアが圧倒的になってきていることへの対抗措置です。「経済安全保障」「エネルギー安全保障」としてのインフレ抑制法の性格が顕著に出ている部分です。

ただこれにより、フォルクスワーゲン（ＶＷ）、ＢＭＷ、現代自動車、ボルボ・カーズのＥＶが控除の対象外になりました。このＥＶの税額控除除外に関しては韓国や欧州が米国に強く反発しています。米国でＥＶ購入に際して1台当たり最大７５００ドルが設定されていますが、「電池部品の総価格の50％が北米で生産ないし組み立てられていれば３７５０ドルの控除、また電池の原材料となる重要鉱物の総価格の40％を米国か米国と自由貿易協定（ＦＴＡ）を締結している国から調達すれば３７５０ドルの控除」となっており、米国に相次いで蓄電池工場を作る背景になっています。

さて、インフレ抑制法の導入以降、再生エネなどのクリーンエネルギー分野の投資・雇用が急速に拡大しています。主に風力、太陽光、蓄電池、ＥＶなどの分野で10万人の雇用が新たに生まれたといいます。主に、電気工事の従事者やメカニック、建設業者だといいます。

２０２３年1月現在と前の数字にはなりますが、全米で90を超える新規クリーンエネルギー・プロジェクトがあり、40の新しいバッテリー製造拠点も含むと、その投資総額は８９５

EV工場を視察する米国・バイデン大統領（AFP／アフロ）

億ドルに上るといいます。

科学誌サイエンスに米電力研究所や国立再生可能エネルギー研究所、米エネルギー省のローレンス・バークレー国立研究所などの研究チームがインフレ抑制法による国内エネルギー構造への効果を検証した論文を載せました。

研究によると、2035年までに米国の電力に占める再生エネ、原発、地下貯留などのCCSと呼ばれる対策付きの火力発電の電源など「低炭素電源」の割合が最大89％になるという分析をしました。

同法により電力部門などの脱炭素が加速することで、2035年までに2005年比で米国全体で炭素排出量の43～48％削減につながるという分析を示しています。

ほぼバイデン政権の国際公約に近い形になります。

米国が、法律により国のエネルギー変革を進めようとする強固な意志が分かります。

せめぎ合う規制

2022年7月、米連邦最高裁は連邦政府による温暖化ガスの排出規制を大幅に制限する判決を下しましたが、このときは州政府の権限が強く、全国への影響は限定的との見方が出ました。

裁判には石炭産地のウェストバージニアなど19州が訴えていました。裁判の争点は連邦政府にある米環境保護局（ＥＰＡ）が発動した温暖化ガスの排出を制限するために全国の火力発電所を対象にした規制が有効かどうかでした。最高裁は現行の法律では、議会はＥＰＡに対し、火力から再生エネなど発電形式の変更を促す規制をする権限を与えていないとの判断を示しました。

この判決はトランプ前政権時代に保守派の判事が増えた影響もありました。バイデン大統領は「破滅的な判決だ」と怒りをあらわにしたものの、米電力大手の多くはバイデン政権の気候変動対策を支持しました。

環境法に詳しいコロンビア大のジェラルド教授は取材にこう解説しています。「米国の多くの州では、気候変動に関する独自の法律が制定されている。これらの法律は、最高裁判決の影響を受けず、これらの州は気候変動に対して強力な行動をとることができる。そもそも米国内の企業は、事業を展開するすべての州の法律を考慮しなければならないというのが、これまでの通例だ。一部の州では、既に非常に強力な気候変動に関する法律を制定しており、今回の判決の結果、さらに多くの州で制定される可能性がある」

この最高裁判決にもかかわらず、ＥＰＡは２０２３年５月にも火力発電所に二酸化炭素回収装置の設置やクリーン水素の混焼を義務付ける規制案を改めて策定して公表しています。

バイデン政権の２０３５年の電力部門脱炭素に向けた規制について記します。新規と既存のガス火力を２０３５年までに二酸化炭素の９割を回収する装置を導入すること、水素を２０３２年までに30％、２０３８年までに96％混焼することを義務づけました。石炭火力は２０４０年以降も稼働する場合は、２０３０年に二酸化炭素の90％を回収する装置を導入するなどを求め、２０２４年以降に施行する方針ということです。需要が急増する時間帯に稼働するガス火力は規制の対象外にしました。

ＥＰＡによると、規制導入で２０２８～２０４２年に石炭火力と新設ガス火力の二酸化炭素の排出量は６億１７００万トン削減されます。乗用車１億３７００万台分の年間排出量に相当するといいます。

ＣＣＳと呼ばれる回収・貯留技術はコスト高で一部しか商用化されておらず、電力会社の大きな負担になります。結局は石炭火力の継続が難しくなる案件も多く出るでしょう。

次期米大統領選で共和党の候補が大統領になれば、こうした規制は廃止する可能性はあります。しかし脱炭素の流れは変わらないでしょう。

ケリー気候変動特使の元特別顧問だったアラン・ユー氏は取材にこう分析を述べました。

「ＩＲＡは法律で最も重要な内容は税制優遇措置である。この措置は10年間のものだ。多くの企業が10年間の税制優遇措置のため大きなビジネス投資の決断をした。法案が成立した２０２２年8月から２０２３年1月の5カ月の間に、企業は約９００億ドルの新エネルギー投資を発表し、それは今も続いている」

「興味深いのはこの投資の多くが一般的に気候変動に懐疑的な米国の一部地域に集中していることだ。つまり、保守的な政治家、時には保守的な人々がいる共和党系の地域なのだ。しかし、この地域に投資が行われ、新たなビジネスが生まれ、新たな雇用が生まれている。法律を覆すというルールを覆したいと言うのは難しくなる」

一方で共和党候補が大統領に就いた場合は、パリ協定からの離脱を表明することもありえます。その場合、「We are still in」などの事例から国内の流れは変わらないでしょうが、外交的にはまた違う構図になります。

バイデン政権は温暖化対策の国際枠組みであるパリ協定に復帰し、各国に取り組みの強化を呼びかけてきました。日本や韓国が２０５０年カーボンゼロの目標を掲げるなどしたことは米国外交の成果でもありました。そのような指導力には期待ができなくなります。

アフリカＬＮＧ争奪戦

「アフリカを欧州のガスステーションにするな」。２０２２年11月、著者も取材で訪れたエジプトで開催したＣＯＰ27では厳しい暑さの中、連日アフリカや欧州の環境団体が横断幕を掲げて抗議の集会を開いていました。

問題になっていたのはウクライナ危機後、欧州、特にドイツがロシア産天然ガスの代替調達先としてアフリカ諸国でのガス田開発を加速させていたことです。特にドイツは脱原発も進めていたため、とりわけ資源のロシア依存度が高くなっていました。ロシアからのパイプラインであるノルドストリームは２０２２年秋以降、大規模なガス漏れが起き、スウェーデンの治安当局は何者かによる破壊工作だとし、メディアからはロシアによるものとの報道も伝えられています。欧州に地理的にも近いアフリカの天然ガス資源に注目が集まりました。

特にロシアによるウクライナへの軍事侵攻の前は天然ガスの輸入のうち55％がロシア産だったドイツは液化天然ガス（ＬＮＧ）への切り替えを進めました。

２０２２年5月、ドイツのショルツ首相はガス輸入の協議のためアフリカ西部セネガルを訪問しました。シュルツ首相は訪問してセネガルのサル大統領と会談し、「セネガル沿岸の化石ガス資源を開発する努力を支援することができる」と話しました。

セネガル側もウクライナ危機前から、石炭に代わる燃料として天然ガスの開発に向けた技術などの支援をするように欧州に働きかけていました。サル大統領は「私はショルツ首相に、欧州へのガスやＬＮＧ資源の輸出を支援し、このガスを発電所に使って（温暖化ガスの）排出量を減らすことができるようにすることを要請しました」と述べています。

しかし新しいガスプロジェクトが地域にもたらす環境への影響について批判が巻き起こりました。セネガルの地元の一部住民たちは沿岸部でのガス採掘は、漁業や海洋汚染など何千人もの人々に影響を与える可能性があると指摘。ＣＯＰ27の会場でも連日集会を開いてガスプロジェクトを批判していました。

またドイツは同時にＬＮＧ基地の建設も急ぎました。ロシアから、パイプライン経由で天然ガスの供給を受けていたからです。２０２２年12月に北海に面する海軍基地としても名高い都市ヴィルヘルムスハーフェンにドイツで初めてとなるＬＮＧの受け入れに必要な基地が完成し、ショルツ首相をはじめ主要な閣僚が完成を祝いました。２０２３年１月には米国からドイツへのＬＮＧの輸出も始まりました。

天然ガスはロシアのウクライナ侵攻前から、欧州では２０５０年のカーボンゼロのための「つなぎ」として位置づけられていました。天然ガスの数倍の温暖化ガスを出すためにすぐに廃止すべきとされていた石炭火力発電とは一線を画していました。そのためウクライナ危機があって急に天然ガスに頼る方針に転換したというよりも、ロシア産を代替するため天然ガスへの大規模な新規投資が必要になったことが問題になったのです。

ドイツは２０２１年のＣＯＰ26において他の38の国や機関とともに、天然ガスを含む海外の化石燃料事業への公的支援を22年末までに原則停止することを表明していました。海外でのガス田開発に乗り出せば、この合意に反する可能性があります。

２０２２年６月末のＧ７サミットでドイツは議長国でした。あえてセネガル大統領を招待し、ガス田開発に向け関係強化を図りました。さらに、首脳宣言には「ロシア産エネルギー依存からの脱却を加速させるという観点から、現状の危機に対応する例外的措置として、一

ドイツの港に到着した液化天然ガス船（ロイター／アフロ）

時的なガス部門への公的投資は適切」という文言をドイツの意向で入れました。

環境問題とは別の懸念もアフリカの天然ガス事業には出ています。ガス火力発電所は石炭を使うよりも排出量は少ないですが、化石燃料であることには変わりはありません。長期に買い続けてもらえるかも分かりません。

例えばドイツは2045年にはカーボンゼロを達成すると明らかにしており、その際はアフリカで新規に開発した天然ガスは不要となるか、輸入が大幅に縮小します。転売も可能かもしれませんが、アフリカの経済や雇用にも影響を与えるとの声も出ています。

ドイツのNGOのジャーマン・ウォッチは、ガス生産の拡大は、化石燃料の採掘が座礁資産となった場合、アフリカの不均等な発展を悪化させるリスクがあると指摘しています。そのためCOP27ではアフリカではガス開発ではなく、座礁資産にはなりそうにない再生エネへの投資を求める声も多く出ました。

2023年に広島で開かれたG7サミットでもドイツは自国で開催したG7と同様の天然ガス投資の重要性を指摘する文言を入れることを主張し、英国やフランスが批判するという事態も起こりました。

こうしたドイツの動きについてドイツ国内でも批判がありました。ジャーマン・ウォッチの国際気候政策責任者ライデン氏は「G7リーダーの合意文書はIEAとIPCCの両方から、1・5度以下の未来にこれ以上の化石燃料を含めることはできないという非常に明確なメッセージがあるにもかかわらず、ショルツ首相がガスに関する弱い表現を推進する原動力となった」と批判しました。

イタリアもアフリカで事業を加速しています。イタリアの石油・ガス大手ENIはアルジェリアの国営会社との合意によりパイプラインを通じて2022年秋から輸入量を増やすとしました。

ただドイツはロシアの天然ガスの代替のすべてを他国のガスに求めているわけではありません。ＥＵはウクライナ危機を契機に、再生エネの大幅拡大を目指すとしています。またドイツの再生エネ比率は既に4割を超えています。ただ当面は天然ガスからは脱却できないでしょう。

日本にとってドイツは明治維新以来、モデルとしてきた国です。現在も産業構造などが近いことからエネルギー分野に限らずドイツの事例を参考にすることが多く、同国の動きを注視する必要があるでしょう。

天然ガスでは別の話題もあります。米国はアラスカ産出の天然ガスを日本や韓国などに売却するプロジェクトを進めていました。アラスカＬＮＧとして知られるこの計画は、北極圏にあるガス田からアラスカ南部まで天然ガスを輸送するパイプラインを引き、ＬＮＧ基地から主にアジア諸国への輸出を目的として、米国政府、特にエマニュエル駐日大使が開発の音頭を取っていました。米国のＬＮＧ案件はパナマ運河を通らなければアジア側に運搬できないものが多かったため、アラスカ開発を重視しました。

しかしパイプラインを敷設する際の工事による環境破壊や、そもそも天然ガスが化石燃料であることから米国内の環境団体などからプロジェクトに批判の声が多く出ていました。米企業もまた将来天然ガスが供給過剰となった際に収益が悪化するなどの観点からも大手企業が参入に消極的だったということです。米政府は日本や韓国に声をかけましたが、両国ともプロジェクト参加を断りました。経産省幹部は「日本企業だけがプロジェクトに参加したらどんな批判を受けるか分からない」と背景を話しています。

「つなぎ」とされる天然ガスもその開発は簡単ではないことを浮き彫りにしています。

第5章

これからの日本の政策

1　安定供給の要の原発が動かない

進まない原発再稼働

政府は電力の安定供給および脱炭素の有力な手段として原子力の最大限の活用を掲げています。では原子力の現状はどうなっているのでしょうか。

日本は電力の安定供給に原子力発電所の再稼働を頼りにしてきました。原発の安全審査を担う原子力規制委員会はこれまで17基を事実上の合格としましたが、地元の同意に時間がかかることや電力会社の不祥事のため再稼働できたのは10基にとどまります。

関西電力と九州電力は多くの原発を既に再稼働させています。これはＰＷＲ型という両社が所有する原子力の形式が東電などのＢＷＲ型よりも安全性が高く、審査も通りやすかったという事情があります。さらに地元自治体との信頼関係もある程度構築されていたのでしょう。

しかし政府が最も期待してきた東京電力の柏崎刈羽原発は東電側の不祥事が重なり、2017年の合格から5年以上を経ても再稼働はできていません。これでは原発の最大のメリットである安定供給の役割を果たせていません。日本の２０２２年の原発の設備利用率は18％に過ぎませんでした。

また別の問題もあります。２０１１年の東京電力福島第１原発事故により原子力への不信感が国民全体に広がりました。全国の稼働状況が事故前と同じような状況に戻ることは難しいというのは予測されていたことです。にもかかわらず、国は稼働できることを前提にエネルギー基本計画などを策定しています。

経済産業省は再稼働に関する決定権はありませんが、将来の原発の比率を決めています。ここに安定供給や脱炭素の目標と実態のギャップが生まれます。

例えば２０２１年に公表されたエネルギー基本計画で、経産省は２０３０年度の電源に占める原子力の比率を20～22％とする従来からの目標値を維持しました。達成には電力会社が原子力規制委員会に申請した全27基の稼働が必要となる見通しです。事実上、実現は難しいでしょう。

経産省の原子力政策への影響は、事故後の10年でかなり限定的なものになりました。まず経産省から原子力安全・保安院が分離され原子力規制委員会が発足し、原発稼働を巡る最大の関門は、安全審査を担う規制委になっています。

経産省が稼働が必要と考えてもその通りにいくか見通せないのは、原発が立地する自治体の判断の重要度が高まっていることもあります。原発事故の教訓を踏まえて避難計画も強化され、立地自治体の住民同意のハードルは高くなりました。例えば日本原子力発電の東海第2原発（茨城県）は30キロ圏内に約100万人が居住しています。規制委の審査は合格しましたが、その後避難計画策定が難航し、再稼働のめどは立っていません。

各地の地裁による原発の停止命令も相次ぎました。関西電力や四国電力はそのたびに原子炉の停止を余儀なくされています。経産省がいくら再稼働を前提とした目標を盛り込んでも実効性が伴わないのが現実なのです。

原発の再稼働が安定供給に資することは間違いありません。であるならば、国が自治体や電力会社の前面に立って努力することも大事になります。目標と現実の乖離をそのままにしたままでは安定供給の道は遠のきます。

送電網の必要性

安定供給には送電網の拡充も必要です。2022年3月、福島沖で震度6強の地震がありました。地震直後の3月22日、寒波が関東を襲い需給逼迫警報が出ました。東日本大震災のときのように地震で大型火力が損傷して発電できなくなったからです。このとき、東西の緊急融通は60万キロワットだけでした。大型原発1基の半分にすぎませんでした。

この年は6月にも季節外れの猛暑が日本を襲いました。6月としては観測史上初の40度を超える地点が相次ぎ、まさに異常気象となりました。東京電力管内で逼迫注意報を出すことになりました。

日本は東日本と西日本で周波数が分かれています。周波数を転換できる量には限りがあり、電力融通のボトルネックとなっていることは既に述べました。九州の太陽光パネルの電気を、需要の多い東京に自由に送るといったことができません。

このときの猛暑では電力広域的運営推進機関（広域機関）による6月29日午前の見通しでは、東電管内の電力供給の予備率の予測は2・6％と、安定供給の目安とされる3％を下回りました。

広域機関は他の地域からの東電管内への融通量を一時的に増やし、東北電力管内からは55万キロワット増やし、最大約400万キロワットを送電できるようにしました。中部電力管内からも60万キロワット分を緊急融通すると決め、送電容量を最大210万キロワットに引き上げました。

東北と中部からの供給は東電の供給を改善させましたが、一時的に3%を下回る予想が続きました。

しかしこのときの東北や関西の予備率をみると、中部、北陸、関西の3電力管内はいずれも8・3%。東北電力は5・9%となっていました。連系線が太ければ数字上は他地域からの融通はもっとできたはずです。

このあたりについて国のグリーン・トランスフォーメーション（GX）基本方針では「再生可能エネルギー導入のための系統整備、原子力発電所の再稼働などが十分に進まず」「2022年3月と6月に発生した東京電力管内などの電力需給ひっ迫」の原因になったと問題点を認めています。

また2020年に広域機関が出した報告書はこう総括しています。「東日本大震災で東京電力福島第1原発事故が起き、東電管内の供給力が大幅に低下した。首都圏で計画停電が実施され、地域独占体制の弊害が明らかになった。2011年3月の東日本大震災の発生を受けて、我が国電力供給システムの脆弱性が顕在化した。具体的には、

（1）我が国の電力系統の運用が旧一般電気事業者の供給区域単位で行われていること、

（2）広域的な電力融通を前提とした設備形成がなされていないこと（東西の周波数変換

設備や旧一般電気事業者間の地域間連系線容量に制約があること）等により、旧一般電気事業者の供給区域における余剰電力を東京電力管内に効率的に融通することが困難であったことから、不足する電力供給を手当することができず、国民生活に大きな影響を与えた」

広域機関は2023年3月、2050年までの広域送電網の整備計画を公表しました。計画に盛った増強分を足し上げると全国で1150万～1350万キロワットとなります。広域機関は「昨今の電気事業を取り巻く災害の激甚化や再生可能エネルギーの普及に伴う系統制約等といった課題を踏まえ」としています。

GX基本方針には北海道からの海底直流送電については整備を急ぎ、2030年度を目指して整備を進めるとしています。完成すれば広域機関の言う通り、安定供給の再生エネの拡充に資することになるでしょう。

2　GXで遅れは取り戻せるか

アジアでも劣勢の再生エネ導入量

何度も書いてきました通り、世界は気候変動対応だけではなく、ウクライナ危機の影響で経済安全保障の両面から脱化石燃料を加速しています。

岸田政権は政権発足直後からGXを掲げ、脱炭素の中心施策としてきました。掲げている方向性は正しいと言えます。しかし政権発足から2年近くを経ても足元の具体的な成果は芳しくありません。ここ数年のエネルギー転換の遅れが再生エネのサプライチェーンの供給網や技術を外国への依存をさらに強めるなど、致命的な損害となる可能性があります。中国や欧州といった国だけではなく、アジア諸国にも再生エネの導入実績で後れを取っているのが現状です。ここで詳しく論じたいと思います。

第1章でも紹介した通り、岸田首相は2023年5月のG7広島サミットの会合で、「2030年までの『勝負の10年』に、全ての部門において急速かつ大幅で、即時の温室効果ガス排出削減を実施しなければならない」と強調しました。さらに「1・5度を射程に入れ続けるため、自ら模範を示す」とまで共同声明では踏み込みました。

実績はどうでしょうか。まず世界では主流になりつつある風力発電の導入量です。世界風力会議によると、2022年の実績で中国は約3700万キロワット、米国は約860万キロワット増やしました。日本はわずか23万キロワットでした。原発1基の5分の1程度です。年間で中国の160分の1しか導入できていません。

図表 5-1　中国とインドの再生エネは大幅に増える

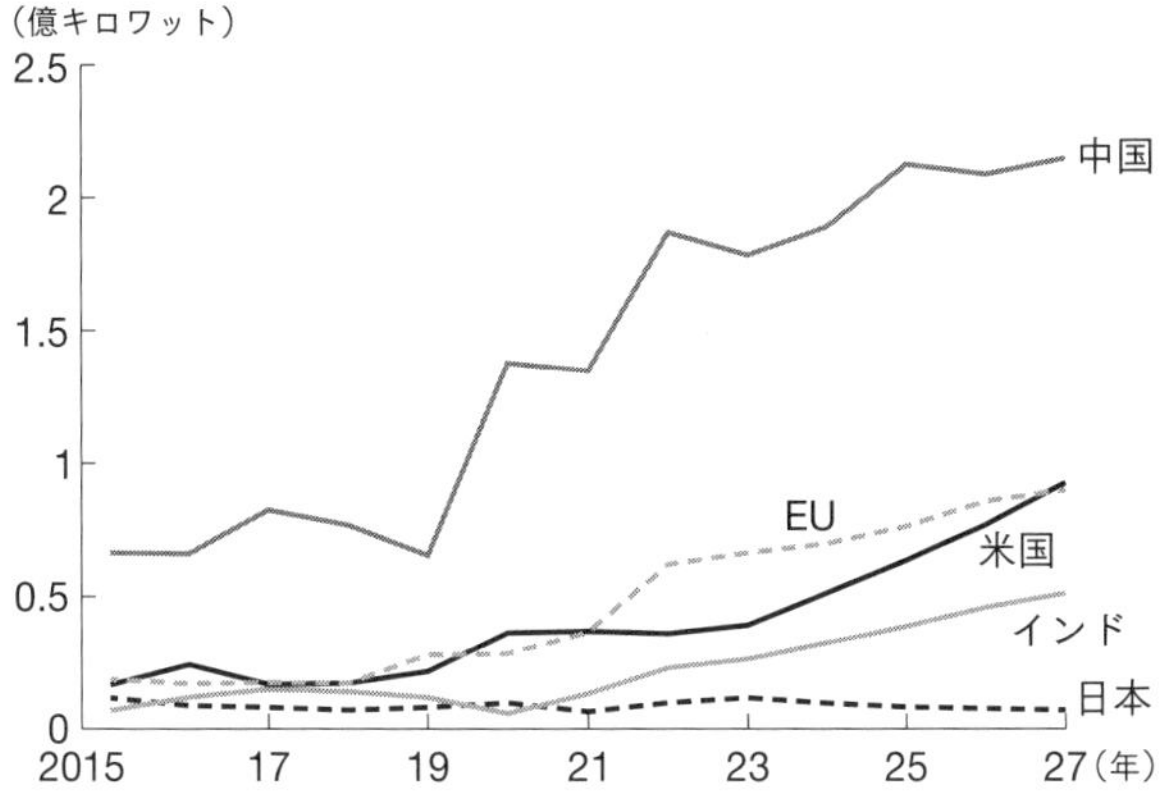

［出所］IEA 資料を基に作成

図表 5-2　22年の風力発電導入量で大きく後れを取る

（万キロワット）

国名	導入容量
中国	3763
米国	861
ブラジル	407
ドイツ	275
台湾	117
パキスタン	30
日本	23

［出所］世界風力会議

パキスタンやインドやトルコ、台湾といったアジア各国・地域よりも下位でした。

まず再生エネの拡大は温暖化ガスの最有力かつ不可欠な手段としてIPCCやIEAも位置づけています。その事実を無視や否定はできません。さらに将来の伸びも鈍化する予測がIEAから出されています。

2022年12月の予測では、主要国は再生エネを急速に増やす一方で日本は伸びが鈍化します。2027年の年間導入量予測で日本は最大約710万キロワットですが、同約730万キロワットのベトナムに抜かれる見通しです。

ほかにもトルコが2026年に1390万キロワット、インドは2027年に5100万キロワットと日本よりも多く増やします。

「GXでアジアを先導する」と何度も日本は強調しますが、数字から見ればアジア諸国にも劣勢なのです。

国はエネルギー基本計画で2030年度時点の野心的な目標として陸上風力を約1800万キロワットに拡大する方針を打ち出しています。その陸上風力も現状の累計導入量は約460万キロワットにとどまっています。事業者が地元と十分協議もせずに景観の観点からトラブルになる案件が相次ぎ、自治体は国とは別のアセスメントを次々に導入しています。

現状は地域とのコミュニケーションを早くから事業者に求める規定がありません。また自治体の条例のアセスは国のアセスよりも長期化する傾向があります。風力は山の尾根部に設置することが多いですが、県境がまたがっていた場合、両県の別々の条例に合わせる必要があります。

国と自治体では基準や内容もバラバラで、環境影響評価に約4~5年、工事に約2年もかかるといいます。新規案件はまとまらず、既にある風車の置き換えすら困難な状況ということです。

国が規制の基準を統一するなどして推進しなければ、国が掲げる大幅拡大は難しいでしょう。それでも国のGX基本方針には「地域との合意形成に向けた適切なコミュニケーションの不足」と事業者の責任を追及する文言が明記されています。

まず、国が適地を示し、その適地に立地する事業はアセス手続きを不要にする。国がアセスの指針を明らかにし、それ以外の手続きや重複した審査は最低限にするなどの措置が必要になります。

また再生エネの認識も改める必要があります。再生エネはあくまで発電設備である一方、迷惑施設でもあります。開発には自然破壊も伴います。その点では原子力や火力発電と何ら変わりはありません。ビオトープのようなものではありません。

国がかつて1960年代に原子力を推進した時代を参考にし、エネルギー安全保障上、国策として不可欠であること、国際公約である脱炭素の目標達成に向けて必要な電源であることをしっかりと自治体や住民に説明することが大事でしょう。

法面崩壊を起こさないなどの規制を確保することも重要ですが、原子力が立地の選定から廃棄物処理のための調査まで実施しているように、交付金といった地元自治体へのインセンティブもさらに拡充する必要もあるのではないでしょうか。GX基本方針で「再生エネを最優先」と位置づけています。であるならば、本腰を入れてテコ入れする必要があります。

先ほども紹介しましたが、日本経済新聞は2022年9月の緊急提言において2050年で再生エネの比率について7割を超えさせるように提言しました。7割超のボリュームを達成するには確固たる政策誘導が必要です。

日本経済新聞は新築住宅への太陽光発電パネルの設置義務化を提言しました。欧州連合（EU）は一定規模以上の公共建築物や商業ビルで2027年までに新築・既設を問わず太陽光発電の設置を義務化し、新築住宅は2029年までに義務化する方向で検討しています。ベトナム政府も2030年までにオフィスおよび住宅の半分に屋根上太陽光発電を導入する計画を発表しています。

日本は東京都や川崎市が新築住宅に太陽光パネル設置の義務化を決めた程度です。こうした取り組みをGX基本方針で明確に国全体に広げなければ再生エネの大幅拡大は見込めません。住宅だけではなく、工場や倉庫、工業団地、商業施設の屋根・土地についても、太陽光パネルの設置を義務づけることがGXには求められます。

日本は太陽光に偏って導入を進めて来た結果、山崩れの危険性もある場所にも設置が進んできました。工業用地や農地への拡大は、そのためにもとりわけ重要になります。


GX基本方針では脱炭素の原資として、二酸化炭素排出に価格をつけるカーボンプライシングを導入する方針ですが、規模・時期ともに見劣りしています。政府は20兆円規模の「GX経済移行債」をGX基本方針に盛り込みました。温暖化ガスの排出量を実質ゼロにする政府目標の2050年までに償還を終えます。

先述した通り、仮に20兆円を2030年から2050年にかけて完済すれば、2012年に導入した地球温暖化対策税の税収規模で換算した炭素価格は排出1トンあたり1000円ほどにしかなりません。韓国、中国も日本を上回ります。国際通貨基金（IMF）は

図表 5-3　日本のカーボンプライシングは各国に比べ低い

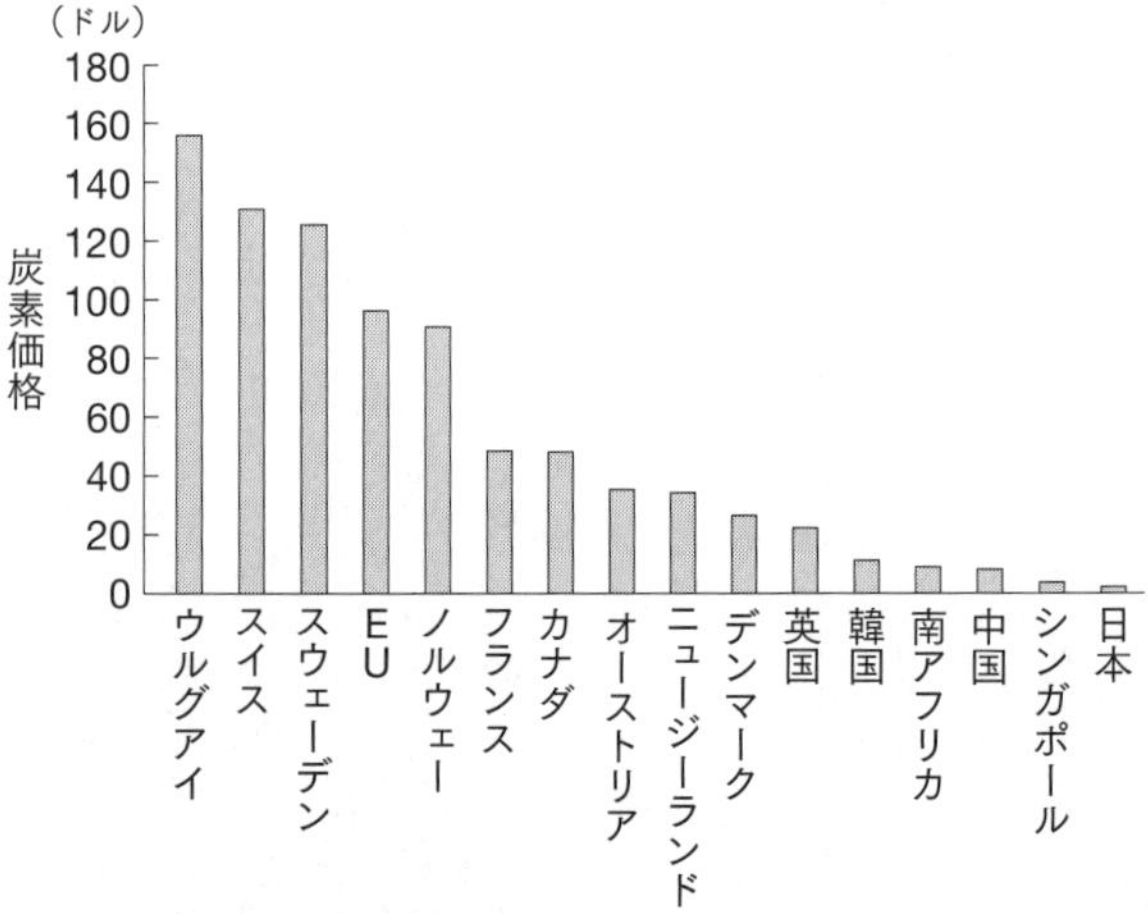

[出所] 世界銀行などを基に作成（炭素税や排出量取引など手法は国による）

2030年に1トンあたり75ドル（約1万円）以上にする必要があると試算しますが、数字はほど遠いのが実情です。

2023年4月に発足したGXリーグは参加企業の削減目標はあくまで自主的に策定するにとどまり、参加も義務ではありません。実際に当初は700社の参加を予定していましたが、2023年7月までに560社に減りました。排出超過に対する罰則もないため、欧州の排出量取引のように得た収入を脱炭素が難しい産業の研究投資に回すこともできません。明確な規制や法的な削減目標もなければ効果は不透明になり、新たな脱炭素投資のための原資を得ることもできません。海外では実際のカーボンプライシングとしてもおそらくみなされないため、海外投資家などへの宣伝効果もあるかは疑問です。2026年から厳しくするといいますが、具体的な制度設計はまだ分かりません。

第2章でも触れましたが、ガスや石油元売りなど化石燃料を輸入する企業が燃料消費時の排出量に応じて負担する「炭素に対する賦課金」は2028年度、電力会社に二酸化炭素の排出枠を買い取らせる「排出量取引」は2033年度の導入を見込んでいますが、日本に先駆けてインドネシアは2023年、ベトナム、ブルネイも2026年に導入します。本格導入を早めることも選択肢ではないでしょうか。

経済界はカーボンプライシングの強化を主張

岸田首相は国会答弁でカーボンプライシングの導入が遅い理由について「経済界の負担が増えて国際競争力が下がることに配慮した」という趣旨を述べています。あたかも経済界はカーボンプライシングの本格導入に反対しているような印象を与えています。

日本の脱炭素の現状に懸念を示し、カーボンプライシングや石炭火力で踏み込んだ対応を求める声は経済界においても根強いです。例えば日本気候リーダーズ・パートナーシップ

（JCLP）は「費用対効果の良い脱炭素技術の迅速な普及に資するカーボンプライシングの導入が急務。自主的なクレジット取引及び炭素価格が一定水準に達していない場合は、十分な効果が望めない」と主張しています。

米国は2023年4月のG7気候・エネルギー・環境大臣会合の交渉過程で、共同宣言に「GXは言葉が曖昧だ」とGXという単語を盛り込むことに難色を示したのは第1章で述べた通りです。

日本は2050年のカーボンゼロに向けたGXの工程表を策定していますが、そこには再生エネだけではなく、石炭へのアンモニア混焼なども列挙され、開発する技術の優先順位が明確でなく、どの技術がいつまでに、どれだけ定量的に2030年や2035年の温暖化ガス削減に貢献できるのかも見通せません。

またGXは、欧米各国が基礎としている炭素予算の概念が欠けています。日本の後れを取り戻すのに力不足である要因になっています。世界の気温上昇を産業革命前から1・5度以内に抑えるには、2030年の削減量が重要なのです。これは第3章でも強調していますが、つまり2050年だけに力点を置いても気候変動対策には不十分なのです。

日本が議長を務めたG7広島サミットの共同声明で「世界の温暖化ガス排出量を2035

年までに2019年比60%削減する緊急性が高まっている」と盛り込まれ、岸田首相はG7で温暖化ガスの削減について「勝負の10年」と繰り返し述べたのもこのことが背景にあります。

脱炭素技術には産業によって実現できている分野と2050年近くにならないと実用化できないものがあります。運輸部門で温暖化ガスの排出が多い航空分野でも水素を動力とする航空機、産業分野では製鉄の脱炭素なども時間がかかります。

足元で完全に脱炭素化できる代替技術がない分野は、トランジションとして移行できるように投資し支援すべき対象となります。その分野で脱炭素ができない分は既に実用化した技術をより太く導入して炭素予算の帳尻を合わせなければなりません。

脱炭素に逆行しかねない政策が並行して進む問題もあります。政府は高騰するガソリン代や電気・ガス代の負担軽減に既に6兆円を捻出しています。手厚い補助金のためにガソリンの使用量は減るどころか逆に増えました。

電力の安定供給の観点からも化石燃料を必要とせず、ウクライナ危機のような化石燃料の供給危機においても強みを発揮する再生エネは重要です。

ロシアの国営企業ガスプロムは不透明な理由で欧州向けのパイプラインの停止を繰り返しました。ウクライナ危機の混迷が深まれば、ロシアが日本を含む西側諸国の事業を接収したり、エネルギー輸出を停止したりする恐れは消えません。オイルショックの経験のように化石燃料は海外からの輸入頼みで、常に地政学リスクにさらされており、エネルギーの安定供給は望めません。

橘川武郎国際大学学長は2022年2月の経産省の有識者会議で「電力が足りないという危機になれば、主力電源の再生エネをどうするかとの話から入るのが普通だが、その話はわずかだった」と疑問を呈しています。

日本はG7でもEVの導入目標や石炭火力の廃止時期など、共同声明の随所で数値目標の設定に反対を続けました。強い規制や目標設定から逃げることは結局、自分たちにはねかえります。米欧は具体的な年限や数値を盛り込んだ規制や法制化により脱炭素を進めてきています。日本は産業界への配慮などから、G7などの国際会議だけでなく、国内向けにも明確な数値目標を定められないことが脱炭素の産業の取り組みの遅れにつながっています。

日本が再生エネやEVの普及拡大で世界の主要国に数字の実績で確実に負けているという実態をしっかりと直視する必要があります。

日本企業は太陽光パネルなどの再生エネやEVの技術もかつては世界の先端を走っていました。国内の規制や政策で見劣りして普及が進まず産業競争力を失い、中国や欧州メーカーに席巻されたことを忘れてはいけません。先手を打っておけば、関連産業だけでどれだけの雇用が生まれたでしょうか。

脱炭素技術をスムーズに実用化し、普及期に競争力を高めていけるかが2050年の「カーボンゼロ」と、電力の安定供給などにつながります。「守り」に終始した議長国から、世界の脱炭素をけん引する「攻め」へと転換していく必要があるのです。

原子力は役に立つか

GX基本方針は原発の長期的な活用、具体的には新増設を明記したことでも知られます。またGX基本方針策定の過程で最も多くの議論の時間が割かれたのが原発でした。

原発事故後、民主党政権は段階的廃止を主張。安倍政権、菅政権も原子力規制委員会の安全審査を受けた原発の再稼働は進めるものの、依存度を低減するという観点から新増設には消極的でした。岸田政権はその点で従来よりも踏み込んだ形になります。

では原発の新増設は脱炭素や安定供給にどの程度貢献できるのでしょうか。

まず国の資料を見ると、新たな原発の建設について「次世代」や「革新」といった表現を使い、既存型とは異なる原発であることを強調しています。岸田首相は2022年8月に開いたGX実行会議で「新たな安全メカニズムを組み込んだ次世代革新炉の開発・建設」の検討を加速するよう指示しました。ただここで言う「次世代で革新的な原子炉」とは、実態は現状の原発の改良型です。

国が想定している次世代原子炉は主に5つあります。①革新軽水炉②小型モジュール炉（SMR）③高速炉④高温ガス炉⑤核融合です。核融合以外は既存の原発のように核分裂のエネルギーを使います。

この中で既に商用化しているのはいわゆる革新軽水炉だけです。革新や次世代という言葉の位置づけは曖昧で、経産省は革新の意味合いについて、炉心溶融の際に溶け出した核燃料を受け止める「コアキャッチャー」と呼ぶ設備を原子炉容器の下につけるといった安全対策を組み込んだものを例示しています。

こうした設備は欧州では10年以上前から導入されていて新技術ではありません。橘川武郎氏は「次世代革新炉と呼ぶものの中には既に実用段階にある技術も含まれており、本当に次世代と言えるかどうか疑わしい。言葉の『お化粧』ではないか」と指摘しています。

「次世代」「革新炉」という言葉には、福島事故を起こした既存の原発とは印象を変え、新たな技術で日本の原子力政策を転換したいとの政府の意図があります。福島と変わらない原発のイメージですと、それだけ国民の理解も大変になるからです。

コストの観点から見るとかつての原発導入期のように10～20基単位で原発を新増設できる環境にはありません。

英国は原発新設のために電気料金を通じて確実に投資回収できる制度を用意しています。再生エネの発電コストが下がる中、建設に時間がかかる原発は自由化された電力市場で収益化の見通しが立ちにくいからです。

フランス電力（EDF）は2022年1月、建設中の新型炉稼働に向けた燃料装塡が予定の2022年末から延期になると発表しています。稼働は計画から既に10年も遅れ、安全対策コストは上がり続けているのが現状で、1基2兆円程度かかると言われる新増設が次々に進むのは難しいでしょう。

先ほども紹介した欧州最大手の電力会社エネルのスタラーチェ前最高経営責任者（CEO）は「原子力は温暖化ガスを出さない電力供給源で、日本やフランスは既設原発を稼働させるだろう。ただ、過去と未来は分けなければならない。新規の原発を建設するのは非

フランスの新型原発はコストが膨らんでいる（ロイター／アフロ）

常に大変だ。巨額の投資と、あまりに多くの安全基準をクリアする必要があり、完成まで10年、15年かかる。脱炭素の緊急性を考えると長すぎる」と話しています。

ではほかの原発ではどうでしょうか。ＳＭＲは建設費の安さが売りですが、発電能力は主に30万キロワット以下と、１００万キロワット超の従来の原発より小さいです。トータルでみたコスト競争力は未知数です。建設が実現しても限られた地域の電力の供給役になる可能性が高いです。その点で従来型の軽水炉よりも圧倒的に経済性は下がります。

高速炉は冷却材として性能が高いナトリウムを活用します。既存原発が使う水と違い、扱いが難しいのが難点です。高速炉の一種の高速増殖炉「もんじゅ」（福井県敦賀市）ではナトリウム漏れ事故などのトラブルが続きました。1兆円超を投じながらまともに稼働させられず、廃炉が決まっています。高温ガス炉は冷却材にヘリウムガスを使います。原子炉の熱を利用して水素を製造できる利点があります。日本は世界でも有数の技術があり、2028年にも熱利用の試験がはじまります。水素を作れる点で有望な原発と言えます。

また経産省は2022年11月28日、原発政策の行動計画案を示し、建て替え対象を「廃炉済み」ではなく「廃止の決定」の炉と記述しました。廃炉せずに使用済み燃料などが敷地内に残ったままの建て替え作業は困難でしょう。

フランスや英国などは脱炭素や電力の安定供給に原発は必要と打ち出しています。脱原発を急いだために脱ロシアに苦しむドイツの例からも原発は一定程度の役割は果たすでしょう。しかし、先ほども述べた通り、日本の原発黎明《れいめい》期のように10基、20基単位で建て替えが進むのかと言いますと、コスト面、自治体の受容性、土地の制約、放射性廃棄物の処分先が見つかっていないことなどの観点から困難と言わざるを得ません。

また原子力発電所の60年超の運転延長などを盛り込んだGX脱炭素電源法が国会で成立しています。この法律によりこれまでの上限であった、「建設から60年」を超えた原発も運転できるようになりました。安定供給には資するかもしれませんが、これではむしろ新増設の機運をそがれてしまうのではないでしょうか。また足元の安定供給や脱炭素で重要なのは、まずは再稼働ですが、これに対する有効策も抜けています。

3　企業努力は限界、規制や政策が必要

米欧が規制でエネルギー変革

これまで書いてきたように脱炭素に向けたエネルギーの転換は欧州や米国だけではなく、中国やインドでも国が規制や政策を主導しています。企業努力だけでは変革はスムーズに進みません。まず自動車の規制を改めて見てみます。

２０２３年4月、米国の環境保護局（ＥＰＡ）は自動車の排ガス基準案を公表し、各メーカーに２０３２年モデルの乗用車の二酸化炭素排出量について、２０２６年モデルに比べ平均で56％減らすことを求めました。達成できない場合は、罰金を支払うか、排出枠の購入義務が生じる見通しです。

ＥＰＡは２０３２年の乗用車販売のうちＥＶが占める割合は67％に達すると予測していま

す。米国はさらに北米産の車載電池を搭載した車以外は税控除を適用しないことにしており、国が協力に施策を打ち出していることが分かります。さらに米国は、2023年8月31日に既存工場をEV生産に転換するために120億ドルの補助金の新設も発表しています。

EUは2035年に実質、内燃機関の新車販売を禁止します。合成燃料は認めましたが、ごく一部の車種にとどまります。

欧州委員会は2023年2月にもトラックやバスといった大型車の新しい排出規制案を公表しています。2030年以降に新車販売される大型車は二酸化炭素の排出を2019年比で45%減、2040年以降は90%減とする内容です。強い規制は米国と同様です。

こうした例もあります。オーストラリア政府はグリーン水素産業拡大に向け20億豪州ドル(約1900億円)規模の支援政策を発表しました。再生エネ由来の大規模水素プロジェクトに対して生産コストと販売価格の差額を補償するものです。現地の報道によると、一連の支援策により2030年までに最大1ギガワットの電解槽容量の確保、2050年までに500億豪州ドル(約4・5兆円)のGDP増と1万6000人以上の雇用創出を見込むといいます。グリーン水素とは再生エネ由来の水素のことです。

日本も水素基本戦略を改定し、２０４０年までに年間１２００万トンの水素を普及させる目標を掲げました。しかしグリーン水素の割合に関する明確なガイドラインはありません。グリーン水素と化石燃料から作るブルー水素では事業の成り立ちが全く異なります。国としてどの程度の割合でグリーンにするか、ブルーにするか目安を示さなければ政策としても不十分なものになります。またブルー水素を大量に生産または輸入する場合、その分膨大な温暖化ガスの回収や貯留も必要になり、そもそも欧米などからは脱炭素とみなされなくなる可能性も高いです。

欧州はカーボンプライシングも強化

日本は本格導入が遅い排出量取引でも欧州はさらに政策を進めています。ＥＵの理事会は２０２３年５月に温暖化ガスの２０３０年目標達成に向け、排出量取引制度であるＥＵ－ＥＴＳ改正案など一連の法案を採択しました。

２０３０年に温暖化ガスを１９９０年比で55％削減するための政策パッケージ「Fit for 55」を個別に具体化したものです。

ＥＵ－ＥＴＳについては、今回の改正指令に基づき、２０３０年までに２００５年比で

43％とされていた排出削減目標が62％に引き上げられます。海運部門及び航空部門が追加され、排出量に応じた排出枠購入が義務づけられます。建物や道路交通を対象とした新たな排出権取引制度「ＥＴＳ２」を２０２７年以降に新設します。

この新しいＥＴＳを導入する代わりに消費者や中小企業を支援するためのファンドも設置します。新たに導入するＥＴＳの収入最大６５０億ユーロを原資として弱者の救済にあたります。国境炭素調整措置についても鉄・鉄鋼製品、アルミニウム製品、セメント、電力、水素などを対象に２０２６年から段階的に導入するといいます。

こうした欧米の規制や施策に対抗するには企業だけの努力では限界です。日本政府も対応した対策を講じなければ、欧米とあまりに違う規制基準に企業は右往左往するだけになってしまいます。

4　国際ルール作りに絡めない

存在感のない日本

エネルギー政策の変容では毎年11月か12月に開かれる国連気候変動枠組み条約締約国会

議、本書でも何度も取り上げたCOPの役割が大きくなっています。石炭といった化石燃料の扱いだけではなく、各国の企業が集まるEVや風力発電の有志連合のような枠組みの議論も進みます。

COPを何度か取材した経験で話しますが、枢要な部分の交渉過程における日本の存在感は希薄でした。

特に化石燃料や再生エネを巡る文言をどうするかといった交渉には蚊帳の外です。日本政府もCOPの交渉について開催期間中は毎日、レクチャーをします。それでは十分ではなく、欧州諸国などのぶら下がりなどをフォローする必要がありました。

英国で開かれたCOP26を例にあげます。会期を延長して続いていた会議場で中国とインドが石炭火力の「段階的廃止」の文言の修正を求め、土壇場で「段階的削減」に表現が後退した際のやり取りが如実にその事実を映していました。

記者も入れた会場ではCOP26のシャルマ議長が、中国の解振華特使や米国のケリー特使らを相次いで別室に招き入れていました。さらにEUやインドの担当者も加わり、会場内外でスクラムを組むように文言の調整を続けましたが、日本の大臣も日本政府の関係者の姿もそこにはありませんでした。

COP27 議長のシュクリ氏（中央）と中国・解振華氏（中央右）

２０２２年11月にエジプトのシャルムエルシェイクで開催されたＣＯＰ27でも米国の気候変動大統領特使であるケリー氏と解振華氏が夜に会合して文言を調整するということもありました。日本から参加していた西村明宏環境相と解振華氏の会談では急に中国側の解振華氏が欠席し、自国代表の格を下げて参加させるなどの事態もありました。

交渉の最終盤ではＣＯＰ27の議長を務めエジプト外相でもあるシュクリ氏は中国の解振華氏に歩み寄り、通訳を介しながらも耳打ちするように話しかけていました。そこで解振華氏が首を縦に振ると、シュクリ議長は笑顔で礼を言い、議長席に戻っていきました。ＣＯＰの合意文書が採択されたという木槌が打たれました。

西村環境相はＣＯＰの最終日を待たずに「国会対応がある」と帰国してしまいました。化石燃料や再生エネなど企業活動に直結する文言の調整は最終日以降も大詰めだったのにもかかわらずです。期間中はバイデン大統領など欧米の主要首脳も参加していましたが、岸田首相は結局訪れませんでした。これでは世界で進むグリーンポリティクスの意思決定に絡めません。

また日本の問題は気候変動分野で海外で通用する「顔」となる政治家もいないことです。

海外で通用する「顔」がいない

さきほどから何回か登場した米国のケリー気候変動大統領特使も国務長官経験者であり、10年以上、この問題に携わっています。中国の解振華氏は国内の環境政策を皮切りに対外的にも２００７年から気候変動対応に携わっており、世界で知らない人はいない顔になっています。

日本はＣＯＰに参加する環境相はほぼ毎年、交代するうえ、政府内でも重要閣僚と見なされることは少ないです。環境省は有力な官庁ではなく、首相秘書官や官房長官秘書官もいないため、COPにおける世界の危機意識や経験が政府内で十分に共有されません。環境相はCOPにおいて行動にも制約が多く、産業界への権限もほとんどありません。重しがきかないが故に、石炭火力の廃止議論などで各国と十分に交渉ができない場面が散見されます。

2020年12月にスペインで開かれたCOP25では、出席した小泉進次郎環境相は、国内外で石炭火力発電の新増設を進める日本への批判の矢面に立っていました。COP25に向けて、小泉氏は海外への石炭火力発電所に向けた政府開発援助（ODA）などの公的支援を制限する意向を表明できないかと模索していました。当時、政府が掲げるインフラ輸出の中で石炭火力は柱の一つでした。小泉氏はCOP25の開催直前まで環境省は経産省と協議を重ねましたが、「首相の国会答弁でも輸出すると話している」「新興国や途上国などに需要がある」と経産省は突っぱねました。

「前向きな話ができればよかったが、調整できなかった」。小泉氏はCOP開催中、海外メディアとの記者会見でこう話しました。

石炭火力の許認可権限は経産省が持っています。インフラ輸出戦略も外務省などが中心です。環境相は気候変動対策を対外的に代表する立場ですが、環境省自体に権限が少ないことから身動きがとれません。そもそも岸田政権の看板であるGX担当大臣は経産相であり、環境相ではありません。小泉環境相は菅首相と関係が近かったためエネルギー政策にも一定の影響力を閣内で持ちましたが、それは例外的事例と言っていいでしょう。

G7の気候・エネルギー・環境大臣会合では経産相が「気候大臣」として出席しました。実質的な脱炭素に関係する権限は持っているだけに、譲歩することも拒否することも経産相はできました。欧米からは真っ正面からの批判を受けるなどはしましたが、それも実体的な権限を持つ大臣だからこそ侃々諤々の議論ができ、問題点が表に出てきた面もあります。

気候変動対策がここまで安全保障や産業政策に直結していると、もはや単なる従来型の環境問題としては処理ができないのが現状です。海外と対等に渡り合える気候変動対策の「顔」を早急に育てるべきでしょう。

5　国際潮流とファクトの見極めを

万博も中国の技術

2025年に大阪市で大阪・関西万博（2025年日本国際博覧会）が開かれます。積水化学工業はパビリオンなどの施設に次世代太陽光であるペロブスカイト型太陽電池を設置するといいます。一方で、北九州市内にあるEV会社が大阪市高速電気軌道株式会社（大阪メトロ）へ、EV路線バス100台を納車する予定であることを発表しています。納車されるEV路線バスは日本国際博覧会での入場者の移動に使われます。

同社は国内生産を目指していますが、基幹技術は中国製になります。日本はG7の場などで中国と対峙しながら、国の宣伝のはずの万博では中国の技術に頼らざるを得ないのが実情です。

韓国の現代自動車と傘下の起亜自動車は2023年上半期の米国のEV市場でテスラに次ぐ2位に浮上したとCNBCは報じました。インフレ抑制法で北米産のEVに限り補助をすることを決めたにもかかわらず、米フォードやGMを上回り、ドイツのフォルクスワーゲンよりも上位でした。日本企業は溝を開けられています。半導体や家電、ひいては音楽やドラマなどの分野の世界市場で日本を越えた韓国勢に、優勢だった自動車産業すら追い抜かれかねない状況になっています。著者は商用バスなどでは中国製が欧米で優位に立っても、国の体制の違いやブランド力の問題から、日本にとって普通車分野の最大のライバルは韓国勢になるとみています。

脱炭素競争はむしろ強まる

欧米だけではなく、アジアでも脱炭素への流れはむしろ強まっています。中国メーカーは日本車の牙城だった東南アジアでも攻勢を強めています。タイやインドネシアで大規模な工場投資をしています。タイは2030年までに生産台数の約30%をEVとする目標を掲げており、EVに出遅れた日本はシェアを侵食されかねません。

日本政府が発信するCOPやG7の情報は独自の解釈が加味される場合が多く、欧米の国々と発表の内容が異なることが多いです。もちろん、欧米も各国政府も我田引水した情報を流すのが実情です。企業は自らの力で脱炭素の世界情勢、動向をデータに基づいたファクトを調べて、目利きする必要があります。日本だけで発信されている情報だけでは判断を見誤ることになります。何度も述べた炭素予算をしっかりと踏まえなければなりません。

20年前は日本の大学や企業の取り組みを取材するだけで、世界最先端の記事が書けました。しかしエネルギー変革や脱炭素技術では世界にリードを許してしまい、日本だけの取材では先端の記事は何も書けなくなってしまっています。これは脱炭素だけではなく、デジタルや医療分野でもそうでしょう。

日本は政治も行政も業界への過度な配慮から、国際的な潮流を見て「総合調整」するという機能を果たせていません。

コロンビア大学ブラッドフォード欧州法研究所長によると、気候変動だけではなく、人権から循環経済など、欧州がルール作りで米国まで巻き込んで世界をリードしており、その「ブリュッセル効果」は近年さらに強まっているということです。欧州を「急進的だ」とか「日本たたきだ」と批判するのはいいですが、であるならばそれに対抗するほどの経済力、脱炭素の技術力を磨かなければいけません。しかも、欧米が積極的に推進する脱炭素技術は日本が先駆者でした。むしろ日本の製品が世界中で主流になっていたチャンスがあったのです。

欧米で脱炭素対策が進む中、対策の遅れは産業界に不利に働きます。世界は脱炭素に向けてルール策定を競い合っています。受け身が続けば代償も大きくなります。

日本車はかつて米国の厳格な自動車排ガス規制（マスキー法案）や石油ショックで世界に先駆けて環境性能を高めた製品で世界市場を席巻しました。その日本の技術が隆盛した原点に立ち返る時期ではないでしょうか。

引用文献

日本経済新聞の各記事を最も参照した。取材で直接得た情報などは引用はない。

第1章

G7気候・エネルギー・環境大臣会合コミュニケ日本語訳（暫定仮訳）
世界経済フォーラム『グローバルリスク報告書　2023年版』　2023年
文部科学省、気象庁気象研究所『令和4年6月下旬から7月初めの記録的な高温に地球温暖化が与えた影響に関する研究に取り組んでいます』　2022年
ワールドウェザーアトリビューション『気候変動が日本の台風19号（英名ハギビス）の被害を40億ドル増やしていた　アトリビューション科学の研究結果』　2022年
気象庁気象研究所『集中豪雨の発生頻度がこの45年間で増加している～特に梅雨期で増加傾向が顕著～』　2022年
IPCC第6次評価報告書第3作業部会報告書　気候変動の緩和　政策決定者向け要約　2022年
松尾 雄介 日本気候リーダーズ・パートナーシップ（JCLP）『脱炭素経営入門 気候変動時代の競争力』日本経済新聞出版　2021年
脱炭素社会の早期実現を目指す230社が加盟するJCLP、G7に向けた意見書を公表
https://japan-clp.jp/archives/13371
G7 Climate, Energy and Environment Ministers' Communiqué

https://www.meti.go.jp/press/2023/04/20230417004/20230417004-1.pdf
The International Renewable Energy Agency (IRENA) "World Energy Transitions Outlook 2023"　２０２３年
AON "Weather, Climate and Catastrophe Insight 2023"　２０２３年
International Labour Organization (ILO) "Working on a warmer planet: The effect of heat stress on productivity and decent work"　２０１９年
The Lancet "The 2022 report of the Lancet Countdown on health and climate change: health at the mercy of fossil fuels"　２０２２年
United Nations Office for Disaster Risk Reduction　"The human cost of disasters: an overview of the last 20 years (2000-2019)"　２０２０年
Bogoyavlensky, Vasily, Igor Bogoyavlensky, et al."New Catastrophic Gas Blowout and Giant Crater on the Yamal Peninsula in 2020: Results of the Expedition and Data Processing" Geosciences 11, no. 2: 71.　２０２１年
Audrey Waits, Anastasia Emelyanova et al."Human infectious diseases and the changing climate in the Arctic" Environment International Volume 121, Part 1, December 2018,703-713p　２０１８年
International Energy Agency(IEA) "Net Zero by 2050,A Roadmap for the Global Energy Sector"　２０２１年
IRENA "World Energy Transitions Outlook 2023"　２０２３年
Bloomgerg NEF "Energy Transition Investment Trends 2023"　２０２３年

第２章

経済産業省、蓄電池産業戦略検討官民協議会『蓄電池産業戦略』　２０２２年
内閣官房　『インフラシステム海外展開戦略２０２５（令和3年6月改訂版）』　２０２１年

諸富徹『グローバル・タックス　国境を超える課税権力』岩波書店　２０２０年
国土交通省『ＴＣＦＤ提言における物理的リスク評価の手引き』２０２３年
弁護士法人大江橋法律事務所『上海における自動車のナンバープレート事情』中国最新法律Newsletter
　２０２２年8月号　２０２２年
環境省『インターナル・カーボンプライシングについて』
https://www.env.go.jp/council/06earth/900422845.pdf
みずほフィナンシャルグループ「気候変動への対応（ＴＣＦＤ提言を踏まえた取り組み）」
https://www.mizuho-fg.co.jp/csr/environment/policy/climatechange/index.html
日産元ＣＯＯの志賀氏がＥＶの出遅れに警鐘「日本は世界から取り残される」ダイヤモンド・オンライン
https://diamond.jp/articles/-/321435
ＣＡＴＬのナトリウムイオン電池、世界で初めて量産ＥＶに搭載へ　日経クロステック
https://xtech.nikkei.com/atcl/nxt/news/18/15015/
IRENA "Renewable Energy and Jobs Annual Review 2022"　２０２２年
InfluenceMap "The Automotive Sector and Climate Change 2022"　２０２２年
The Global Wind Energy Council"Global Wind Report 2023"　２０２３年
UK government,Department for Business, Energy and Industrial Strategy "North Sea Transition Deal"　２０２１年
Energy Secretary Granholm Announces Ambitious New 30GW Offshore Wind Deployment Target by 2030
https://www.energy.gov/articles/energy-secretary-granholm-announces-ambitious-new-30gw-offshore-wind-deployment-target
Reports, presentations and fact sheets

https://orsted.com/en/investors/ir-material/financial-reports-and-presentations
Silesia Declaration on Solidarity and Just Transition
https://data.consilium.europa.eu/doc/document/ST-14545-2018-REV-1/en/pdf

第3章

沖縄科学技術大学院大学『気候変動とハリケーンによる内陸部への被害増加の関係　内陸部の広い範囲での台風被害予測に期待』　２０２０年
環境省『地方公共団体における２０５０年二酸化炭素排出実質ゼロ表明の状況』　２０２３年
https://www.env.go.jp/policy/zerocarbon.html
郭四志『脱炭素産業革命』ちくま新書　２０２３年
日本製鉄『高炉プロセスから電炉プロセスへの転換に向けた本格検討を開始』
https://www.nipponsteel.com/common/secure/news/20230510_400.pdf
UNFCCC “Climate Plans Remain Insufficient: More Ambitious Action Needed Now” ２０２２年
The International Renewable Energy Agency (IRENA) International Labour Organization “Renewable Energy and Jobs　Annual Review 2022”　２０２２年
National Oceanic and Atmospheric Administration,National Centers for Environmental Information “Assessing the U.S. Climate in 2022”　２０２２年
Market Risk Advisory Committee of the U.S. Commodity Futures Trading Commission “MANAGING CLIMATE RISK IN THE U.S. FINANCIAL SYSTEM”　２０２０年
IPCC “Sixth Assessment Report Working Group 1: The Physical Science Basis”　２０２１年

UNFCCC "Global Stocktake"
https://unfccc.int/topics/global-stocktake?gclid=EAIaIQobChMI78eJ7dTYgAMVIssWBR3xHAg4EAAYASAAEgJRcPD_BwE
SSAB to deliver fossil-free steel to Volvo Trucks
https://www.ssab.com/en/news/2022/05/ssab-to-deliver-fossilfree-steel-to-volvo-trucks

第４章

環境省『世界のエネルギー起源ＣＯ$_2$排出量（２０２０年）』
非化石エネルギー発電設備容量、初めて石炭火力発電を上回る　サイエンスポータルチャイナ
https://spc.jst.go.jp/news/220202/topic_1_03.html
上海モーターショー、電動化の流れを追う日本企業　新華社
https://jp.news.cn/20230426/65fdad9389ee4704a880d1999ba5b031/c.html
中国の再エネ発電「設備容量」が石炭火力超え　東洋経済オンライン
https://toyokeizai.net/articles/-/654556
インドで四輪ＥＶは順調に普及するか　ジェトロ（日本貿易振興機構）
https://www.jetro.go.jp/biz/areareports/2023/282e51364b047c16.html
韓国・現代自、ＥＶ生産強化でインド南部州に24・5億ドル投資へ
https://www.reuters.com/article/hyundai-motor-india-investment-idJPKBN2X309A
Energy & Climate Intelligence Unit "The Big Four: are major emitters downplaying their climate and clean energy progress?"　２０２２年

US Senate.Democrats "Summary: The Inflation Reduction Act of 2022."　２０２２年
IEA "Renewables 2022"　２０２２年
Allianz Research "The Chinese challenge for the European automotive industry"　２０２３年
Ivan Ivanov, Daniel Garrett "Gas, Guns, and Governments: Financial Costs of Anti-ESG Policies" Jacobs Levy Equity Management Center for Quantitative Financial Research Paper, University of Pennsylvania Finance Department.　２０２３年
John Bistline,Geoffrey Blanford,et al. "Emissions and energy impacts of the Inflation Reduction Act" Science Vol 380, Issue 6652 pp. 1324-1327 29 Jun 2023　２０２３年
Analysis: China's CO_2 emissions hit Q1 record high after 4% rise in early 2023
https://www.carbonbrief.org/analysis-chinas-co2-emissions-hit-q1-record-high-after-4-rise-in-early-2023/
China has already approved more new coal in 2023 than it did in all of 2021
https://www.greenpeace.org/eastasia/press/7939/china-has-already-approved-more-new-coal-in-2023-than-it-did-in-all-of-2021-greenpeace/
India's clean energy transition is rapidly underway, benefiting the entire world
https://www.iea.org/commentaries/india-s-clean-energy-transition-is-rapidly-underway-benefiting-the-entire-world
India calls for phase down of all fossil fuels, not just coal
https://www.spglobal.com/commodityinsights/en/market-insights/latest-news/energy-transition/111422-cop27-india-calls-for-phase-down-of-all-fossil-fuels-not-just-coal
Kentucky bankers: Daniel Cameron trying to create 'state surveillance system'　Courier Journal

https://www.courier-journal.com/story/news/politics/2022/11/15/kentucky-bankers-sue-daniel-cameron-over-investment-information-demands/69637341007/
Davos 2023: BlackRock U.S. inflows dwarf $4 bln lost in ESG backlash -CEO
https://www.reuters.com/business/finance/davos-2023-blackrock-us-inflows-dwarf-4-bln-lost-esg-backlash-ceo-2023-01-17/
BlackRock boss: 'Ugly' campaign against ESG will fail CLIMATEWIRE
https://subscriber.politicopro.com/article/eenews/2023/01/18/blackrock-boss-ugly-campaign-against-esg-will-fail-00078209
FSBA commits to clean-energy fund despite DeSantis' anti-ESG campaign, Pensions and Investments
https://www.pionline.com/esg/florida-board-commits-clean-energy-fund-despite-desantis-anti-esg-campaign
Table of 100% Clean Energy States
https://www.cesa.org/projects/100-clean-energy-collaborative/guide/table-of-100-clean-energy-states/
Maryland 100% Study
https://dnr.maryland.gov/pprp/Pages/maryland-100percent-study.aspx
Scholz opens country's first LNG terminal
https://www.dw.com/en/germany-scholz-opens-countrys-first-lng-terminal/a-64134715

第5章

塙和也『原子力と政治』白水社　2021年
内閣官房『GX実現に向けた基本方針～今後10年を見据えたロードマップ～』　2023年

著者略歴

塙 和也（はなわ・かずなり）

1977年生まれ。現在、日本経済新聞社経済・社会保障グループ専門エディター。20年4月から現職として気候変動、エネルギー、環境政策をカバー。これまで経済部、科学技術部で経済産業省、環境省、内閣府などを担当。大阪経済部でエネルギー関連企業を取材。東日本大震災直後に経済部で資源エネルギー庁を担当し、原子力政策を取材した。著書に日経産業新聞の連載をまとめた『原子力と政治』などがある。03年法政大学大学院社会科学研究科修士課程修了。

日経文庫

日本のエネルギーまるわかり

2023年10月13日　1版1刷

著者　塙 和也
発行者　國分正哉
発　行　株式会社日経BP
日本経済新聞出版
発　売　株式会社日経BPマーケティング
〒105-8308　東京都港区虎ノ門4-3-12

装幀　next door design
組版　マーリンクレイン
印刷・製本　三松堂

ISBN978-4-296-11843-4
Printed in Japan

橘川武郎 平沼光編著『異次元エネルギーショック２０５０年への日本生き残り戦略』日本経済新聞出版 ２０２３年
アニュ・ブラッドフォード、庄司克宏監訳『ブリュッセル効果 ＥＵの覇権戦略 いかに世界を支配しているのか』白水社 ２０２２年
経済産業省総合資源エネルギー調査会 電力・ガス事業分科会 電力・ガス基本政策小委員会 電力広域的運営推進機関検証ワーキンググループ『取りまとめ（案）』 ２０２０年
経済産業省『２０３０年における再生可能エネルギーについて』 ２０２１年
World Bank "State and Trends of Carbon Pricing 2023" ２０２３年
Australian government,Joint media release with The Hon Chris Bowen MP Minister for Climate Change and Energy Senator the Hon Jenny McAllister
Assistant Minister for Climate Change and Energy "Hydrogen Headstart to power new jobs & industry"
Vietnam Has $135 Billion Plan to Slash Coal-Fired Power by 2030
https://www.bloomberg.com/news/articles/2023-05-16/vietnam-pm-oks-power-plan-needing-134-7-billion-in-investments#xj4y7vzkg
'Fit for 55': Council adopts key pieces of legislation delivering on 2030 climate targets
https://www.consilium.europa.eu/en/press/press-releases/2023/04/25/fit-for-55-council-adopts-key-pieces-of-legislation-delivering-on-2030-climate-targets/